浪花朵朵

从海底到太空

图解著名运载工具

[法] 帕斯卡莱 · 埃德兰 文 [法] 卢 · 里恩 图 陈剑平 译 浪花朵朵童书 编译

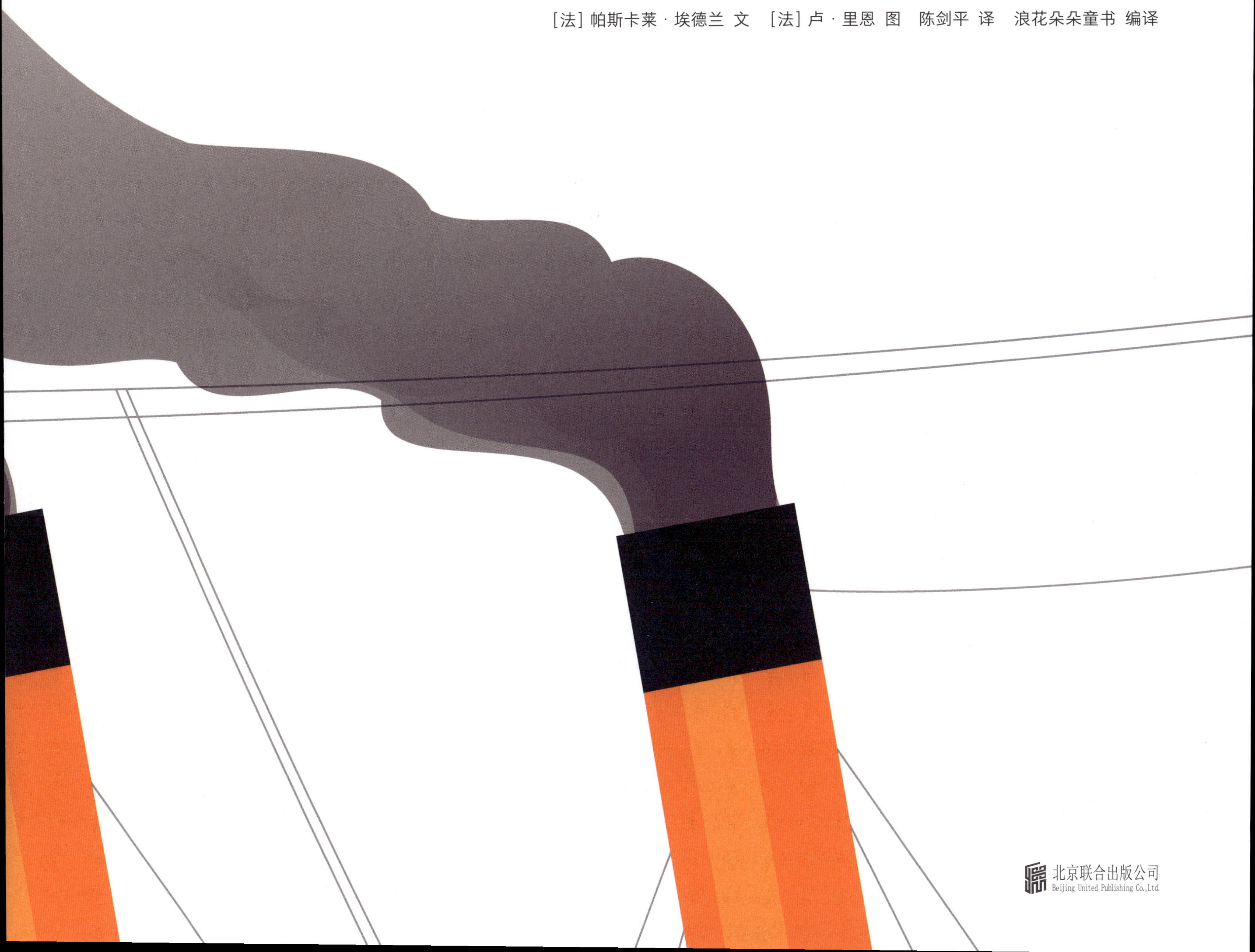

北京联合出版公司
Beijing United Publishing Co.,Ltd.

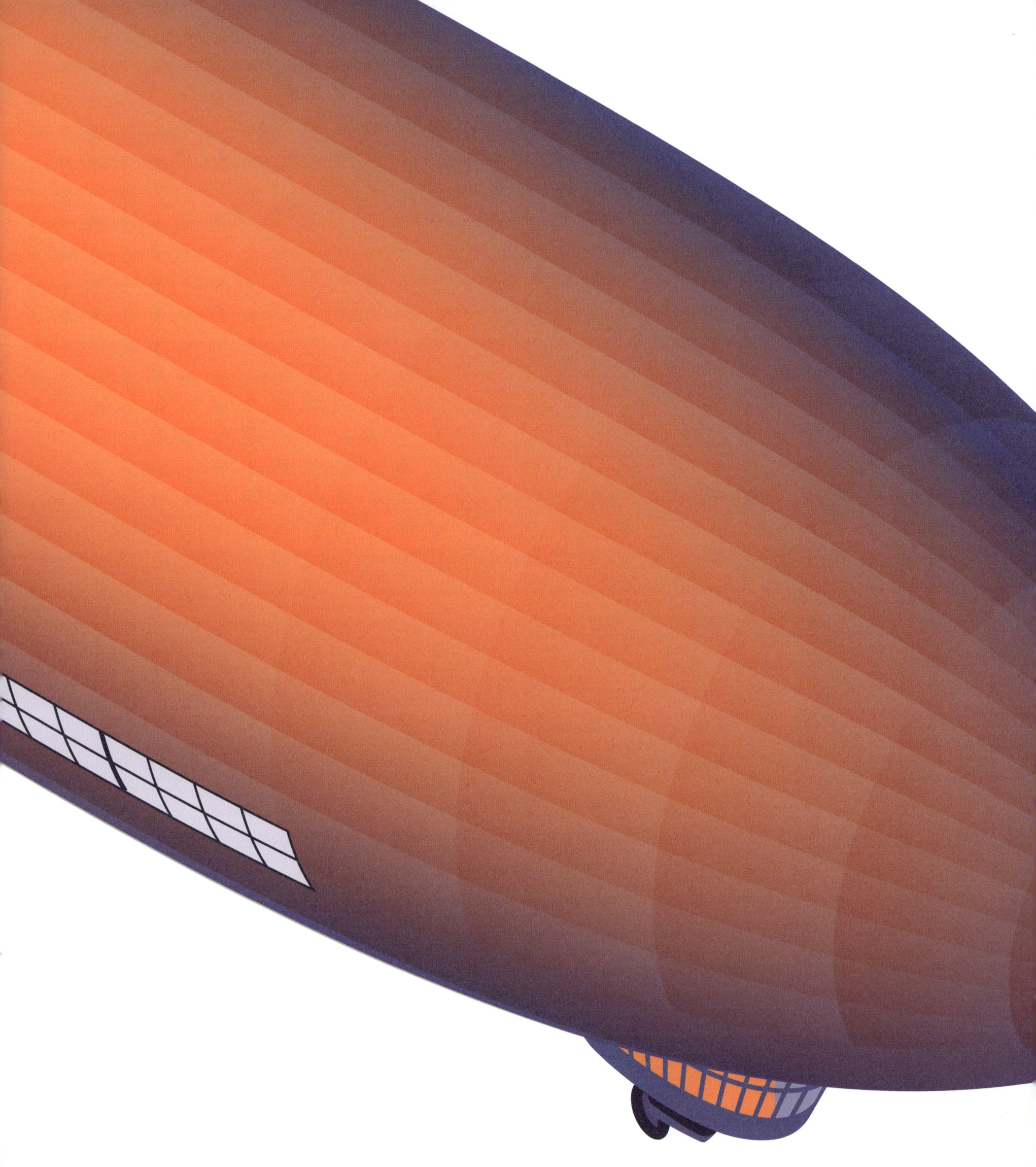

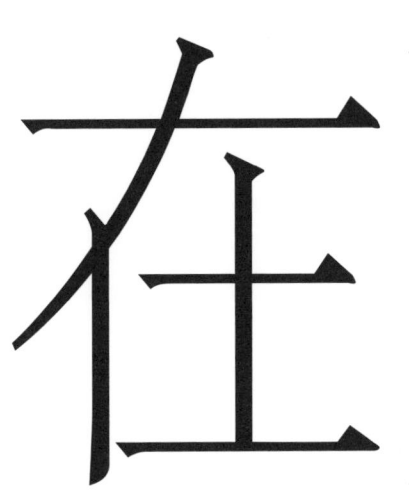

在人类的历史上，为了在天空、水中和地面更好地活动，人们发明了各式各样的运载工具。这些"大家伙"们不论外表多么神奇梦幻、惊世骇俗，或者丑陋不堪，它们都有着许多不为人知的故事，在它们的"身体"里面也藏着千千万万的秘密。本书精选了16个著名的"大家伙"，展现在小朋友们面前：从核潜艇到泰坦尼克号，从东方快车到齐柏林飞艇，从土星5号到国际空间站……现在就跟随我们深入到它们的内部去逛一逛，看看它们鲜为人知的另一面——在那里到底有什么样的人，有什么样的故事呢？

就让我们尽情享受这美妙的旅行吧！

17世纪
"冒险号"海盗大帆船

这是一艘擅长海战的大帆船,装配有帆和船桨。它曾由一个著名的海盗威廉·基德船长(Captain William Kidd)统领。

国旗
因为最初是为英国皇室服务的,所以"冒险号"大帆船最开始挂的是皇室旗帜。

船长室
基德船长享有自己的房间,而其他船员则住在甲板底下的船舱里,睡在一种叫作"摇篮"的吊床上。

小艇
用来摆渡船员到陆地上的小船。

01 船员
由威廉·基德船长统领的"冒险号"海盗大帆船,船员有150多人,其中有许多是被强征来的罪犯。刚开始时,基德船长并不想不分青红皂白地袭击各种船只。可到了1697年,由于一直没能"挣着钱",水手们开始不干了,后来迫于压力,基德船长不得已开始对所有的船只发起了攻击。逐渐地还成了气候,居然不小有名气了。最后基德船长被捕,并于1701年在伦敦被施以绞刑,死后尸体被装在一个笼子里,在港口上悬挂了很多年。

02 大炮
这艘海盗船装备有34门大炮,射出的炮弹重达5千克,破坏力极强。但由于海盗们并不是以击沉船只为目的的,而是为了抢劫财物,所以为了让对手放弃抵抗而束手就擒,他们一般会先向水里进行射击,以示警告。

03 舵手
为了控制海盗船的方向,舵手会用一个连接着舵的长木柄来调整方向,也就是舵柄,它可以起到舵盘的作用。为了导航,水手们会使用航海地图(在那时,它只能判断大概方位)和各种辅助仪器,比如罗盘或星盘等。

04 大副
是船长的副手,负责向船员传达命令,尤其是打仗的时候。他还负责惩处那些不守规矩的人,所以可不是一个好惹的家伙。当然,管这么大的一条船,没有点手腕和规矩还真不行。

05 船上的日常生活
有时船上的生活很无聊，水手们得自己找点乐子，比如玩玩乐器、擦擦兵器、追追老鼠，还可以打打小牌。但有一条，不能赌钱，否则就只有天天打架了。

06 存帆间
这里是存储船帆的地方。毋庸置疑，船帆对于帆船是非常重要的。所以不用它们的时候，就要小心地叠起来，存放在这里。并且，还有专门负责看管这些船帆的水手，负责管理和修补船帆。

07 军火库
既然是海盗船，就会有各种枪炮，比如大炮、手枪、长枪和滑膛枪等，因此就要有军火库。由于火药非常容易爆炸，所以这里绝对禁止抽烟和点蜡烛。

08 医生
医生在船上是不可或缺的，不但船上恶劣的生活环境容易导致疾病，而且打仗也会产生伤员。虽然医生的主要任务是救治伤员，但却经常面临缺少药品的窘况。比如在1697年，船上就有三分之一的船员死于疟疾。

09 储存桶
存放淡水的大桶会放在储存室里。由于海水过咸不能喝，再加上航行有时要持续数月之久，因此淡水的储备是非常重要的。而且大桶很沉，所以非常适合在航行途中当作压舱物，用来保持船的平衡。

10 厨房
在船上的厨房里，厨师们会用炉子做饭。在这里，厨师会加工腌制的咸肉、从海里捞上来的鲜鱼和海龟、从陆上带来的鸡或临时靠岸时抓来的野羊等。当然，也有挨饿的时候，什么都没得吃的时候，就得抓老鼠，或者干脆煮皮带！

桅上瞭望台
桅上瞭望台位于桅杆的高处，这里有负责瞭望的水手，负责查看海面、通报海岸和暗礁，当然最重要的还是发现远处的船只：因为他们就是为了这个而来的！

桅杆
"冒险号"大帆船是三桅帆船，中间的中桅杆最高最大，前后各有一个前桅杆和后桅杆。

锚
由于船锚非常重，所以升降锚时需要很多水手们合作，用一种类似滚轮的绞盘才能完成。因此，这也是一项非常繁重和危险的工作。

底舱
这是一个位于甲板和船底之间的较大空间，用来储存各种给养、弹药、燃油等。

19至20世纪
"东方快车"

这是一种可以横跨欧洲的豪华列车，
并且能一直开到东方的港口，
简直可以说是一座能够移动的宫殿。

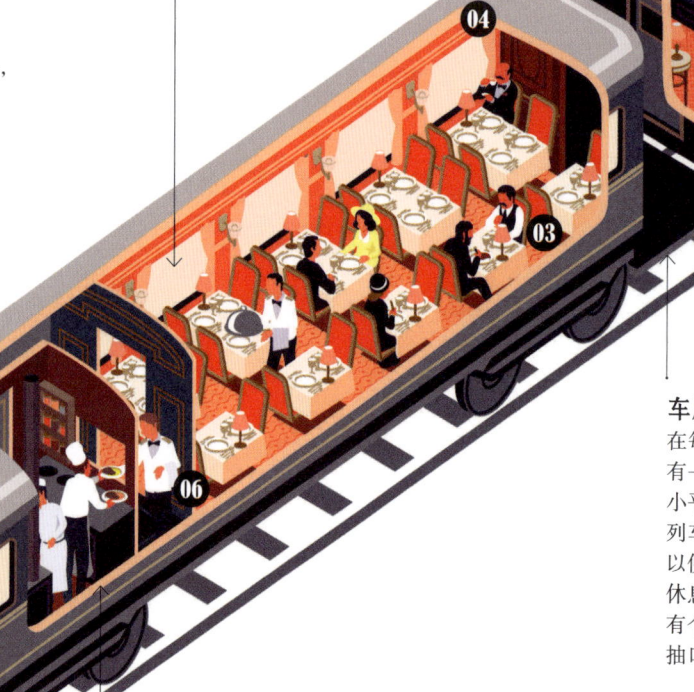

餐车
列车上一共有3个餐车可供旅客用餐，
这是不是很奢华啊？
在这里，你能发现银质餐具、
水晶长瓶和瓷质器皿等。
此外，法国著名设计师勒内·拉里克，
还用精雕细琢的玻璃板来装饰餐车的墙裙。
值得一提的是，在其他车厢，
这位法国的艺术大师也用珐琅、皮革、
动物角或珍珠来装饰，
彰显了其作为"新艺术"流派
先锋的原创风格。

火车头
"东方快车"上挂着型号为230G353的火车头，
它在法国铁路史上可算是明星火车头。
这种火车头生产于1922年，
与其他火车头一起用于牵引"东方快车"，
直到1970年才退役。
它由蒸汽压力驱动，
就像是一个大号的压力锅，
需要定期检修，
确保运转良好不会漏水，
尤其是小心可别爆炸了！

车厢间平台
在每个车厢连接处
有一个1平米左右的
小平台，这是给
列车员工准备的，
以便他们能在
休息的时候
有个地方歇一歇，
抽口烟。

厨房
列车厨房里有大厨为乘客准备精美的餐饮。
比如在菜谱上就有：
例汤、火鱼、水芹鸡、英式苹果派、
奶油巧克力和蘑菇汤等。
并且，厨师们会用木火炉子烹制精美菜肴。
有一次，一位商人点了一个肉菜，
但车上恰好没有配菜的醋栗汁，
一位司机就在临时停靠时跑去
为他专门买了一份。

司机
司机在旅途中需要换班：
毕竟谁也不可能4天4夜不合眼！
所以列车上有多位司机轮流休息。
可在1901年，在德国法兰克福站，
还是有一个司机走神了，他晚踩了刹车：
结果火车一直冲进了站台上的餐馆里，
幸好无人伤亡！

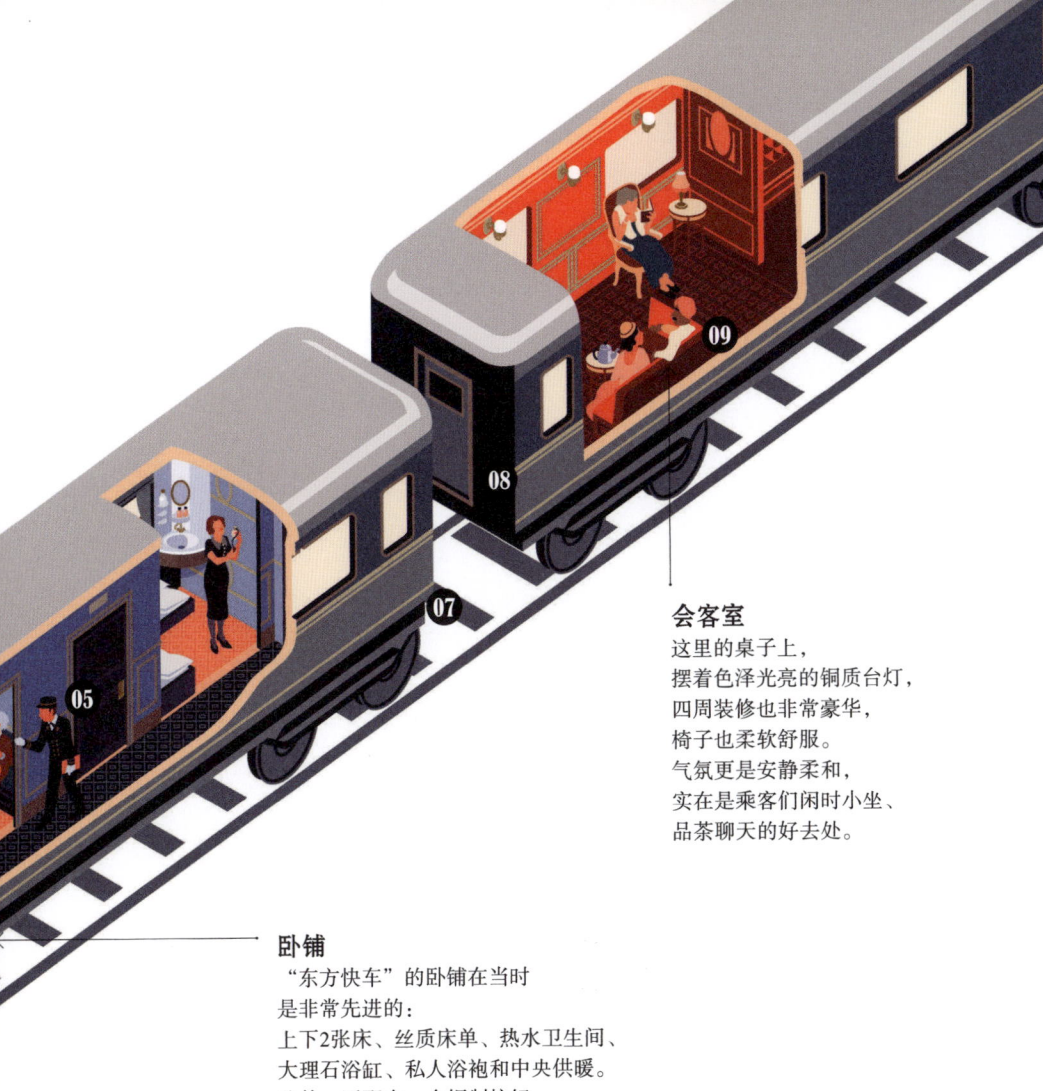

会客室
这里的桌子上，
摆着色泽光亮的铜质台灯，
四周装修也非常豪华，
椅子也柔软舒服，
气氛更是安静柔和，
实在是乘客们闲时小坐、
品茶聊天的好去处。

卧铺
"东方快车"的卧铺在当时
是非常先进的：
上下2张床、丝质床单、热水卫生间、
大理石浴缸、私人浴袍和中央供暖。
此外，还配有一个铜制按钮，
以便随时呼叫服务人员。

 01 漫长的旅程
"东方快车"能从法国巴黎一直开到土耳其伊斯坦布尔，全程3,000千米。但车速并不快，一般时速为每小时50到100千米，并且中途还要停靠很多站。因此，全程要4天4夜，但在19世纪，这已经是一个奇迹了。

02 行车路线
随着时间推移，"东方快车"开辟了更多的线路，人们可以乘坐列车到达：洛桑（瑞士），威尼斯、维罗纳和米兰（意大利），萨格勒布（克罗地亚），索菲亚（保加利亚）。如果在车站换乘的话，人们还可以到达阿勒颇和大马士革（叙利亚），贝鲁特（黎巴嫩），巴格达（伊拉克），开罗、卢克索和阿斯旺（埃及）。当然在战争期间，列车就不得不绕过冲突国家或暂时中断运行。

 03 乘客
乘客们来自世界各地，年龄不一，其中还有很多名人：比如各国政治家、作家（格雷厄姆·格林）、电影明星（玛琳·黛德丽和让·迦本）、音乐家（约瑟芬·贝克）、科学家（阿尔伯特·爱因斯坦），甚至还有间谍（玛塔·哈莉）。

 04 奇妙的旅行
在4天的旅程中，旅客们是完全生活在一起的。在车厢这个有限的空间里，他们可以说是低头不见抬头见。所以也会彼此熟悉，没准还成了朋友（当然也可能没有），虽然下车之后大家还是会各奔东西。就这样，怀揣着不同的想法，不同文化背景的人相会在这趟列车上：欧洲人想要了解东方，东方人也很渴望了解欧洲。

 05 检票员
当时也有如今天一样的列车检票员，来保证每位旅客凭票乘车。以此为背景，阿加莎·克里斯蒂在小说《东方快车谋杀案》里，还描写过这样一位虚构的检票员：这个具有女性声音的神秘人物悄悄登上、随即又下了火车，而在此期间就发生了一起谋杀案。是不是很神秘啊？还有另一个真实的事件：1914年，一个塞尔维亚检票员居然要验一验保加利亚国王的身份！这个看似不经意的"冒犯"，其实也反映了当时欧洲剑拔弩张的局面：战争一触即发！

 06 服务人员
列车上有专门的服务人员为乘客服务，比如每天换床单、提供餐饮、照看物品等。并且由于当时列车上没有电话，为了进行列车与站台之间的沟通，只能用扔土豆的方式来进行联系。比如，车上想要一箱香槟酒，就先写好一张纸条，然后扎在土豆上扔到站台上去。收到"订单"的站台，就会马上把信息传到下一个停靠站，在那里再将货物运送上车。

 07 不测
1891年，一伙匪徒袭击了列车，并抢走了12万英镑，这在当时可是一笔巨款。1931年，一个匈牙利的恐怖分子炸毁了布达佩斯附近的一座大桥，而此时列车正经过这座桥，结果20个乘客被炸死，一百多人受了伤。1929年，在伊斯坦布尔附近，一场霜冻不期而至，导致行驶到这里的火车被困了5天，当时车厢温度在零度以下，寒冷异常。尽管有这些不测，但大部分的旅程还是安然无恙的。

 08 车厢
第一次世界大战前，"东方快车"车厢主体是由一种热带柚木做成的。1920年以后，就改用金属制造，目的是减少木质车厢行驶时发生的刺耳的吱吱嘎嘎声。改造后的车厢长达17米，用蒸汽取暖，用煤气照明，非常舒适。今天，法国国家铁路公司还保留了7节当时的这种车厢来作为文物展示，向人们展现其历史意义。

 09 一段轶事
1907年的时候，印度巨富库克·贝哈尔邦邦主，也乘坐这趟列车。当时他带了一大帮随从，甚至还把所在的车厢全都装饰成印度风格。由于列车一直往北开，在经过匈牙利中部的时候，为了不让他的数位妻子感冒，他特意让列车停下并去买了几件裘皮大衣上来。为了感谢乘务人员的帮忙，他还以珠宝相送。

01 一个"庞然大物"(Titan泰坦)
泰坦尼克号长约269米,将近3个足球场那么大。包括烟囱在内,高约53米,相当于一座18层的大楼。重45,000吨,相当于4座埃菲尔铁塔那么重。其巡航速度约为每小时40千米,在当时已经是世界上非常快的了。出事那天晚上,它的船速就非常快,几乎是全速航行。

02 甲板
泰坦尼克号有创纪录的10层甲板!其中7层是客舱甲板,还专设一层步行甲板,在上面有1个大会客室、1个图书馆、1个女性小会客室、1个酒吧和2个海上观景游廊。

03 电报舱
当泰坦尼克号撞上冰山后,船长知道船快要沉没了,就让2个报务员发出求救信号。当时另外一艘船,卡帕西亚号(Carpathia)收到了信号,就改变航线去进行营救,经过3个小时的航程到达出事海域,救起了大约700名在小艇上的生还者。

04 健身房
健身房给乘客们提供的完全是现代化的运动器械!在这里,人们可以锻炼肌肉、玩划船器、骑室内自行车,甚至还可以在机械马上进行骑术训练!

05 游泳池
头等舱的乘客还可以享受到加热游泳池(健身房、壁球馆和土耳其浴也只对头等舱乘客开放)。这些新式玩意儿登上远洋客轮也都是头一遭!

06 锅炉
船上有6个锅炉房,29台锅炉,用来烧煤并把水变成蒸汽,推动使船前进的3个大螺旋桨。司炉工负责锅炉的运转,铲煤工则负责装填。他们的工作确实非常辛苦,因为里面闷热不已。

07 头等舱和二等舱乘客
泰坦尼克号有三种舱位,截然分开。头等舱票价最贵,乘客一般为富商、艺术家和政客等,他们一般也带有随从。而二等舱乘客一般为银行人员和小商人等。

救生艇
泰坦尼克号上只有16条木质小艇和4条折叠式小艇,顶多只能容纳全船一半的人!而且在事故发生时,船员都还没有组织好撤船行动,也没有放下全部的小艇。在安排上救生艇时,也本着先救妇女和儿童的原则,因为不可能救起所有的人!

烟囱
船上有4个巨型烟囱,用来排放锅炉烧煤产生的烟。其实3个就已经足够了,只不过4个会显得更豪华一些!

08 小餐厅
这是头等舱专用餐厅，里面的食物也是精心烹制的。菜谱上会有：鱼子酱、龙虾、埃及鹌鹑等。并且不远处，还有一个专门的乐队为客人们演奏。在沉没那天晚上，就是这个乐队始终在演奏，来安抚人们的恐惧。

09 食物储备
这么大的一艘船准备的食物可真不少！55吨家禽、40,000只鸡蛋、7,000颗生菜、1吨咖啡、15,000瓶啤酒、5吨糖还有1,500升冰块，等等。

10 三等舱乘客
三等舱乘客中，有很多是即将到新大陆定居的移民。他们来自40多个国家，如瑞典、法国、希腊、意大利，等等。由于原来并不富裕，所以他们本想去到美国淘金。可没想到，他们中将近四分之三的人却在即将抵达彼岸时，葬身海底。

1912年

泰坦尼克号客轮

远洋客轮是一种以运送乘客为主的大型商业客轮，而这一艘却因为其不同寻常的悲惨命运而广为人知。

桅杆
泰坦尼克号前面和后面各有一根桅杆，但不是用来挂帆的，基本就是个摆设！用来挂国旗、无线电天线和瞭望哨之类的。

船长
指挥泰坦尼克号的其实是一位德高望重、经验丰富的老船长。在撞击事件发生后，很多乘客们都看见他始终站在甲板上，并与他的船一同沉没在大海中。

瞭望哨
这是一个设在桅杆高处的瞭望台，1912年4月14号的晚上，由于夜深雾大，当瞭望员发现冰山时，冰山已经近在咫尺了！

船体
泰坦尼克号是钢制船体，具有双层船底和16个水密舱，但尽管如此，当撞上冰山的时候，船体还是有6处被撕裂了。

1937年

齐柏林飞艇
LZ-129兴登堡号

这种大型飞艇原由纳粹德国于"二战"前制造，简直就是个空中巨无霸，但结局却是凄惨的。

 金属结构
飞艇的主体架构用杜拉铝制成，这种材料又轻又结实。其中包括15个犹如摩天轮的圆形巨大隔舱，这些巨大"圆圈"与主梁连在一起构成了飞艇的主体结构。而在飞艇中间，则有一个长长的走廊供艇员通行。兴登堡号飞艇有AB上下两层，A层中间区域是客舱。B层，也叫内层，则是艇员休息室和厨房。两层之间有舷梯连接。

 艇员
飞艇上共有61名艇员，包括军官、机械师、工程师、厨师和信使等。还有十几名乘务员和服务员来照顾乘客。所有艇员都在飞艇内层尾部的上下铺休息，而军官和指挥官则有自己单独的房间。

 大家伙
兴登堡号飞艇外形长长的，就像一发在空中飞行的大炮弹。它长约245米，是当今世界上最大机型之一——波音747的三倍多。它高约44米，相当于一幢15层高的楼房。

 底部
飞艇的底部如船一样也有龙骨，它的底部由一个呈三角形的结构组成，里面装着碳氢燃料（燃气）和作为压舱物的袋子。每个袋子里装有500到1,000升的水。当起飞时，人们把一部分水倒掉，这样飞艇就会变轻，逐渐升起来了。

 艇长
艇长负责照看整个飞艇和管理全体艇员。他通过电报向机械师下达命令，但需要用一根长管子与缆绳捆绑员对话：不能用电话，因为一点微小的电火星就可能会引发火灾！

 乘客
除艇员外，飞艇能搭载72名乘客，票价肯定不便宜，但坐的自然也都是有钱人，因为他们就喜欢这种庞然大物，以及在空中漂浮的那种感觉。其实飞艇在空中还是非常稳定的，所以没有人会"晕艇"。

纳粹的标志
兴登堡号飞艇是当时纳粹德国的骄傲，所以上面有卐字标志。可是，希特勒自己却表示：为什么要去乘坐这种装满了气体的"棺材"哪！

表层
飞艇的表层是用帆布做的，由于飞艇很大，所以表层的面积有5个足球场那么大！此外，表层还涂有一层铁和铝粉的混合涂层，这就是为什么飞艇看起来呈银色。表面涂层的作用是散热和方便透光，这样可以避免飞艇里的气囊过热。

螺旋桨
共有4个螺旋桨来为水平飞行的飞艇提供动力。它们靠4台装在飞艇吊舱里的发动机来驱动。兴登堡号飞艇速度并不是很快：最快时速为每小时130千米。比如，从德国到美国东部就需要飞行2天半。

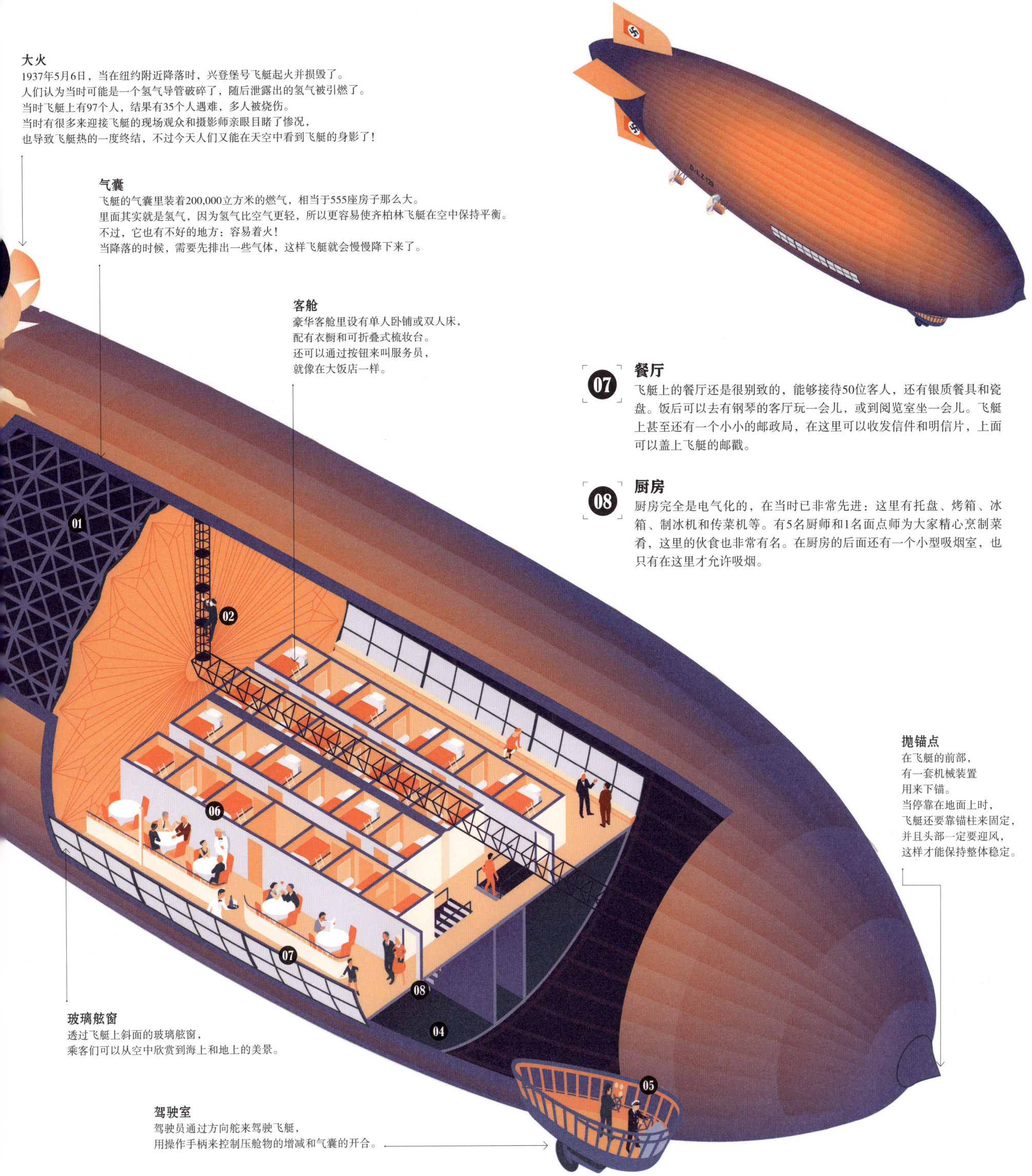

大火
1937年5月6日，当在纽约附近降落时，兴登堡号飞艇起火并损毁了。
人们认为当时可能是一个氢气导管破碎了，随后泄露出的氢气被引燃了。
当时飞艇上有97个人，结果有35个人遇难，多人被烧伤。
当时有很多来迎接飞艇的现场观众和摄影师亲眼目睹了惨况，
也导致飞艇热的一度终结，不过今天人们又能在天空中看到飞艇的身影了！

气囊
飞艇的气囊里装着200,000立方米的燃气，相当于555座房子那么大。
里面其实就是氢气，因为氢气比空气更轻，所以更容易使齐柏林飞艇在空中保持平衡。
不过，它也有不好的地方：容易着火！
当降落的时候，需要先排出一些气体，这样飞艇就会慢慢降下来了。

客舱
豪华客舱里设有单人卧铺或双人床，
配有衣橱和可折叠式梳妆台。
还可以通过按钮来叫服务员，
就像在大饭店一样。

07 餐厅
飞艇上的餐厅还是很别致的，能够接待50位客人，还有银质餐具和瓷盘。饭后可以去有钢琴的客厅玩一会儿，或到阅览室坐一会儿。飞艇上甚至还有一个小小的邮政局，在这里可以收发信件和明信片，上面可以盖上飞艇的邮戳。

08 厨房
厨房完全是电气化的，在当时已非常先进：这里有托盘、烤箱、冰箱、制冰机和传菜机等。有5名厨师和1名面点师为大家精心烹制菜肴，这里的伙食也非常有名。在厨房的后面还有一个小型吸烟室，也只有在这里才允许吸烟。

抛锚点
在飞艇的前部，
有一套机械装置
用来下锚。
当停靠在地面上时，
飞艇还要靠锚柱来固定，
并且头部一定要迎风，
这样才能保持整体稳定。

玻璃舷窗
透过飞艇上斜面的玻璃舷窗，
乘客们可以从空中欣赏到海上和地上的美景。

驾驶室
驾驶员通过方向舵来驾驶飞艇，
用操作手柄来控制压舱物的增减和气囊的开合。

坦克炮
坦克炮用于射出炮弹打击对方坦克、轻型车辆和步兵。
M4A4谢尔曼中型坦克装备的坦克炮直径是75毫米,
这在当时已经是比较大的口径了。
而今天的大口径坦克炮能达到120毫米。

机枪
M4A4谢尔曼中型坦克配有两挺机枪,
有些在炮塔处还有一挺。
这种机枪能连续射击,
并且射程比一般自动武器更远。

01 驾驶员
驾驶一辆坦克可比开汽车难多了,当然比开飞机还是简单点!为了控制坦克的方向,驾驶员需要控制2个操纵杆,一个在左边,一个在右边:右边的操纵杆负责减缓右边履带的速度,使坦克偏向右;而左边的正好相反。如果想要刹车,则要抬起脚踏板并拉起手刹。这些操作有时也需要副驾驶的协助。

02 重量
M4A4谢尔曼中型坦克重约30吨,相当于15辆小汽车的重量,因此它能够很轻易地碾碎一辆小汽车。但也因为太重,所以跑不快,一般来说每小时只能行驶35千米。

03 坦克内部
坦克内部空间十分狭小,采光也不好,发动机的声音却大得惊人!以至于交流都非常困难,有时面对面都得打手势才行。

04 高度
M4A4谢尔曼中型坦克长6米、宽2.6米、高2.7米(在中型坦克中是比较高的),由于这款坦克太高,所以也很容易被敌方发现。

05 车长
一辆坦克一般载有5名成员:1个驾驶员、1个副驾驶兼机枪手、1个炮手、1个装填手和1个车长。车长负责指挥坦克,发出移动或射击的指令。

06 逃生门
坦克下面有一个备用门,若发生火灾,成员可以从这个门快速离开坦克。但由于这个门比较小,所以从里面钻出去也不是件容易的事。

07 排风系统
当坦克完全关闭时,里面也需要新鲜空气的流通。因此排风系统就十分重要,进来的空气也会帮助冷却发动机。在内部起火的情况下,排风系统还会帮助向外排烟。

08 潜望镜
借助潜望镜,驾驶员或者车长能在受保护的车里观察外面。坦克潜望镜能旋转360度,可以观察各个方向。

09 发动机
M4A4谢尔曼中型坦克的发动机来自于马力强大的飞机和公共汽车,因此动力十足!但同时也有一个明显的缺点:十分容易着火,因此战时德国士兵戏称它为"英式烤肉"。

1967—1973年
土星5号运载火箭

运载火箭是一种运送人造卫星、空间探测器或宇航员的航天运输工具。

 **04 稳定尾翼**
装在火箭尾部两侧的稳定尾翼,用于帮助火箭在飞行中保持姿态平稳:防止颠簸并保持在航线上。

 05 火箭第一级
火箭第一级在发射后仅工作2分30秒,就与火箭分离,它的作用是推起整个火箭。此后,火箭第二级点火继续推动火箭。第一级的推进剂是液氧和煤油。

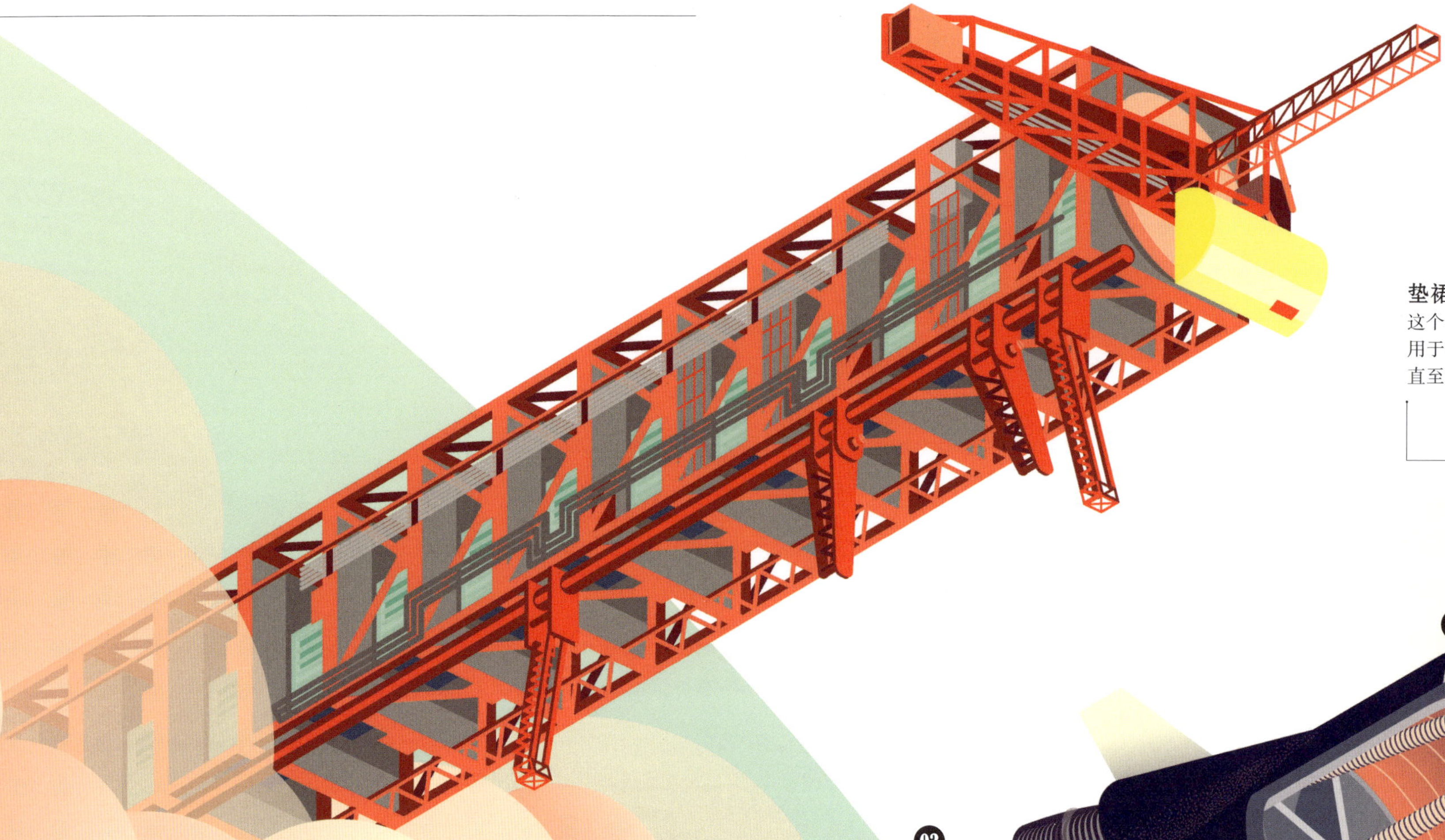

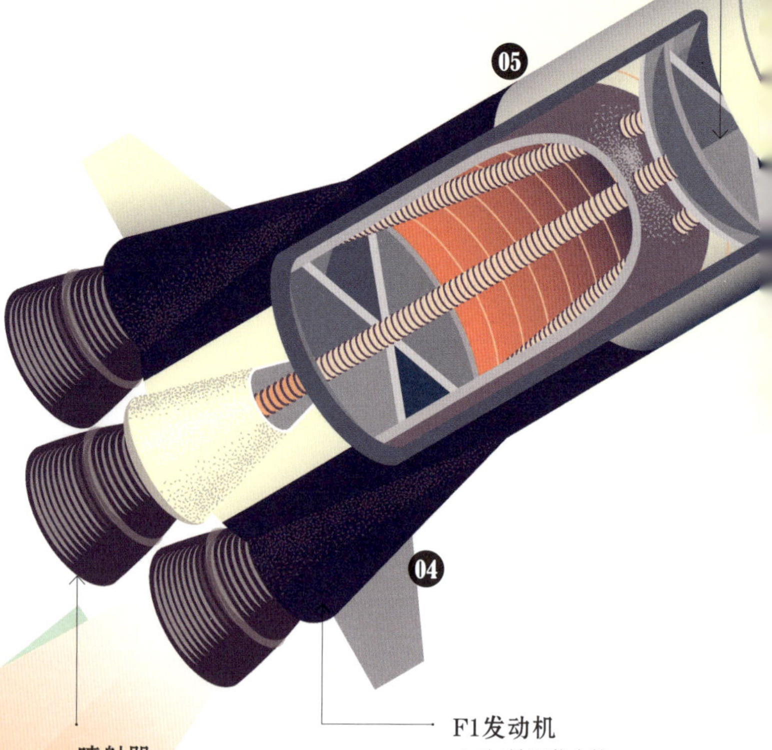

垫裙
这个裙状的巨大金属环用于牢牢地固定住两级火箭,直至飞行中自动分离的那一刻。

01 尺寸
土星5号运载火箭是个庞然大物!高度约110米,相当于40层楼高。但是比较瘦:直径才10米,重达2,800吨。是迄今为止人类制造的最强大的太空运载工具,其速度可达28,000千米每小时(而飞机也才不过900千米每小时)。这种运载火箭只需4天就能到达月球。

02 起飞
火箭发动机采用的是氢氧混合液体燃料。点火时,尾喷口喷射出的高热高压气体会产生巨大的推力,使得火箭不断上升,从而摆脱地球引力。

03 发射时刻
运载火箭发射的时候,不论火箭里面还是地面控制中心里的气氛都很紧张,毕竟检验几年辛苦努力的时候就要到了!所有的计算都要精确到毫米,不能有任何差错,尤其在搭载有宇航员的时候。

喷射器
这个装在第一级发动机尾部的发射装置,能够喷射出燃烧的高热气体,从而推起火箭。喷气式飞机也具有此类喷射器。

F1发动机
土星5号运载火箭共有11个发动机,每一级都有自己的发动机和燃料。第一和第二级各有5个发动机。

登月舱
阿波罗11号飞船的登月舱名字叫"鹰"，也叫LEM（Luna Excursion Module，登月模块），是一个能够降落到月面的小型太空舱。载有2名宇航员，其中一位负责指挥和驾驶。登月舱里有进行月面科学研究的设备，还有一辆能进行月球探测的全地形月球车。

仪器舱
仪器舱中保存着全部的仪器设备，包括导航、驾驶和定位设备等。火箭一旦发射后，不需要宇航员驾驶，完全是自动飞行。

逃逸塔
这个塔形的装置是保护宇航员安全的。在发射时，如果由于机械故障而发生爆炸，逃逸塔就会脱离并飞离船体，从而保护宇航员的生命安全。

 月球之旅
在月球上，宇航员收集岩石样品；在科学仪器的帮助下，进行科学实验（比如探测宇宙射线）；在月面行走（当时还进行了电视直播）。登月的美国宇航员还在月球上留下了本国国旗。

 有效载荷
有效载荷位于运载火箭顶端的一个非常小的区域，由火箭推送至太空并继续飞行。这个部分可以搭载卫星、太空探测器或一个载有宇航员的太空舱。上图所示即为顶端有载人太空舱的火箭。

 太空美景
透过太空舱的舷窗，宇航员会看到地球是一个小小的蓝色星球，在浩瀚的太空中漂浮着。这种景观会让看到的人们感叹地球的美丽、脆弱和珍贵。

 第二级火箭
继第一级之后，第二级火箭可持续6分钟，把火箭推进到距地185千米的高度，速度为每小时24,600千米。用液态氢作燃料。

 指挥舱
由第三名宇航员驾驶的指挥舱，在另两位宇航员执行登月任务时，进行绕月运动。21个小时以后，登月舱脱离月面，并返回与指挥舱再次对接，再一同返回地球。

 太空病
一般来说，宇航员都会保持身心健康。但在太空中，也会有太空病，比如恶心、呕吐等不适。并且如果遇到宇航员感冒发烧，火箭还要推迟发射。

 美国
美国（全称是美利坚合众国）曾经与苏联（后来解体为包括俄罗斯在内的15个国家）展开激烈的太空竞赛，最后虽然美国最先派人于1969年实现登月，赢得了此次竞赛，但苏联却是1963年第一个把人送进太空的国家。

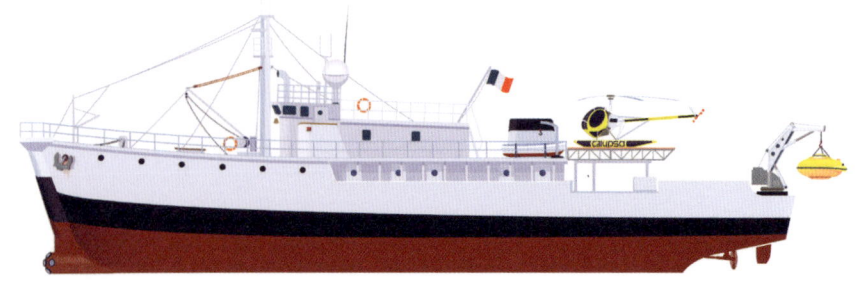

20世纪
卡里普索号海洋科考船

卡里普索号（CALYPSO）是一艘世界闻名的海洋科学考察船！

雷达
航海雷达发射出电磁波，用来探测海上的物体（如船只、冰山等）。

平台
在卡里普索号科考船的船首加装了一个3米长的平台，用来拍摄经常随船两侧伴游的海豚。

玻璃舷窗
在吃水线以下3米，装有5个便于进行海洋观察的舷窗。

船体
卡里普索号科考船的前身是一个扫雷艇，木制船体十分坚固，并且吃水非常浅，所以在探测深海的时候，不会轻易被钩住。

船员休息室
非常简单，一般都是上下铺。

01 科学家
在船上,海洋学家和动物学家会研究海狮、鲨鱼等的行为,并将发现的新物种归类。

 02 船员
船上有30多个成员:水手、摄影记者、声音工程师、电子工程师、摄影师、潜水员、技术员、无线电报务员和厨师,大家各司其职。

 03 库斯托船长
(Jacques-Yves Cousteau 雅克·伊夫·库斯托)
库斯托船长原是法国海军军官,出于对海底世界的巨大热情,他随后成为潜水家和海洋科学研究者。同时他还热衷于环保活动并拍摄了多部纪录片。人们习惯叫他"库斯托船长",他经常戴的圆形小红帽也和他一样出名。

 04 海洋中的危险
卡里普索号科考船经常会遇到台风、风暴、搁浅、冰山,等等,这些都是科学考察中不可避免的!

 05 "工厂"
底舱的这个部分被叫作"工厂",因为其中有很多设备:2台增加发动机功率的压缩机、1个机械间、数个冷库和3个实验室,其中一间还装有空调,以便进行化学分析。

 06 摄影潜水器
这是一个非常小的航行器,所以在这里执行任务确实有点"憋屈"!不过也还好,这里有24小时氧气供应,并与母船随时保持无线电联络。发生事故时,可以用机械手抓住它,拖回海面。

 07 潜水加速器
由于大部分海洋生物游得比人快,所以为了在水下能跟上它们并拍摄这些生物,库斯托船长的团队发明了这种带螺旋桨的潜水加速器,它可以拖动摄影师以每小时5千米的速度潜游,这样速度就非常快了!

队长室
卡里普索号科考船的考察队长博斯克(Bosco)在这里休息,他听从库斯托船长的指挥。

方形餐厅
这里是船员们吃饭的地方,通常用铃声来召集船员们:开饭了!

直升机
船上有直升机甲板,上面可以停放一架小型直升机,用以和陆地保持联系。

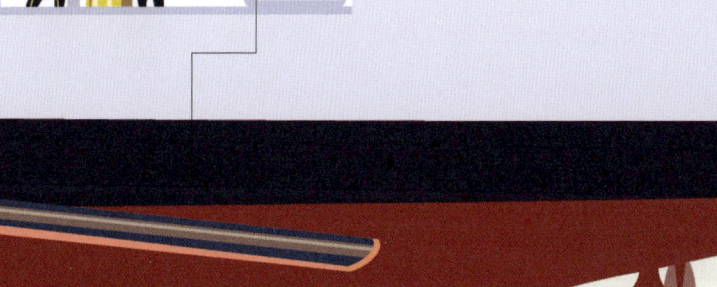
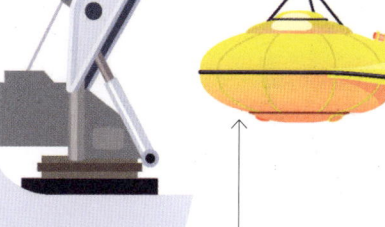

下潜碟
这是个革命性的潜水机器!
可以装2个人,
下潜到400米的深度,
呆4个小时。
它可以通过
不断排水来驱动,
并且可以全方位移动。

潜水员
潜水员的任务是寻找沉船残骸或拍摄海底世界。他们非常有团队精神,并且卡里普索号科考船上的潜水员都是志愿者,尽管这是一个危险的职业,有时甚至会面临死亡的威胁,但他们还是都非常敬业。

下潜井
在厨房位置,安装有一条供潜水员直达船底的竖井,并配备水密系统开关。

摄像师
1953年,科考队发明了新的摄像机和电子闪光仪,这样就可以在伸手不见五指的深海里发现和拍摄海洋生物了。

机房
机房里有2个大推力发动机,能够推动重达400吨的卡里普索号科考船以10节(即每小时18千米)的高速前进。

2个"迷你"潜水艇
卡里普索号科考船上有2个"迷你"潜水艇,操作简便,驾驶员只需趴在里面,并通过一个手柄来操控即可。"迷你"潜水艇上装有用来抓取物体的钳形机械手,另外还带有照相机和摄像机。但"迷你"潜水艇特别小(只有2米长、1米宽),因此被戏称为"海里的跳蚤"。

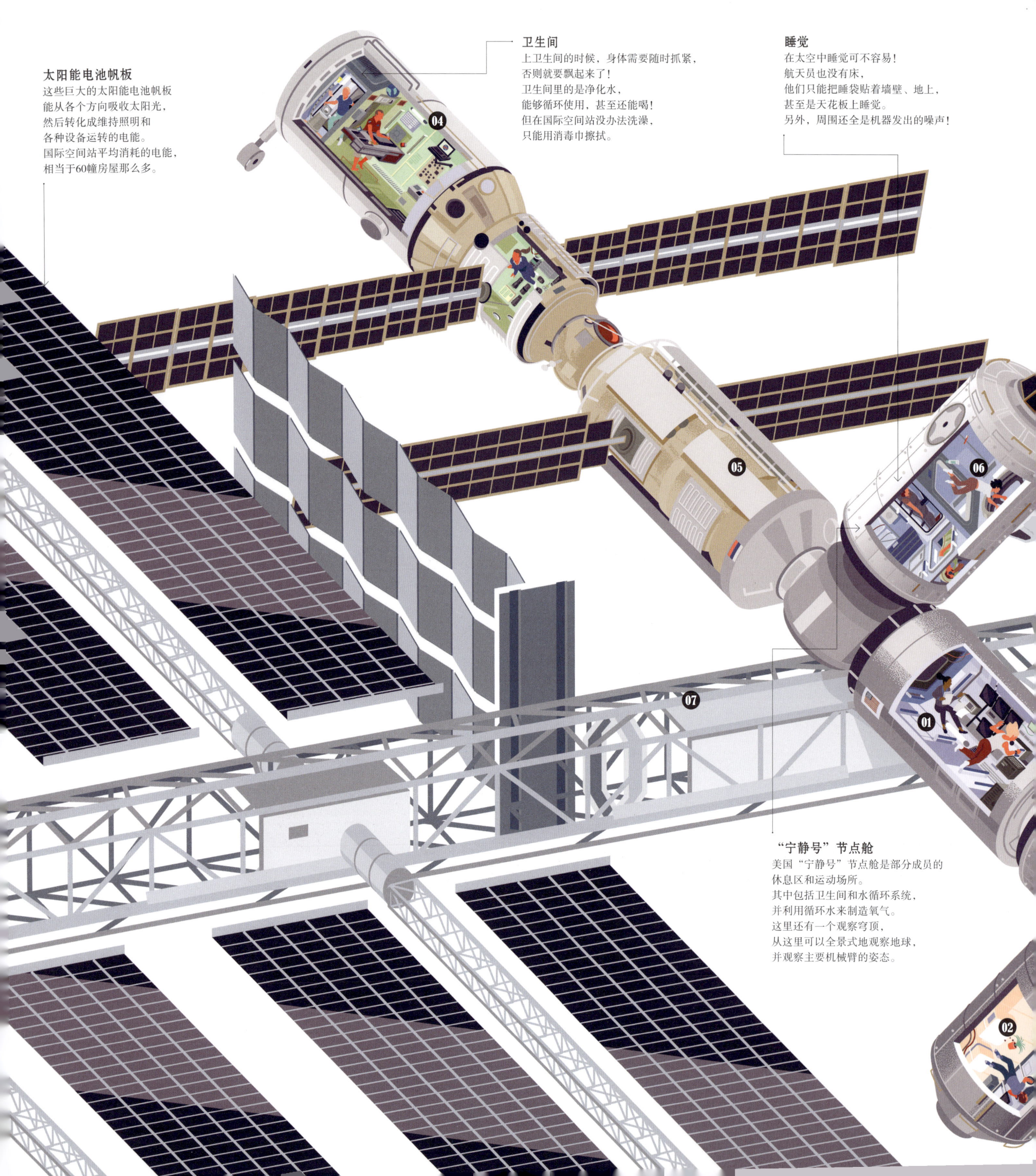

太阳能电池帆板
这些巨大的太阳能电池帆板能从各个方向吸收太阳光，然后转化成维持照明和各种设备运转的电能。国际空间站平均消耗的电能，相当于60幢房屋那么多。

卫生间
上卫生间的时候，身体需要随时抓紧，否则就要飘起来了！卫生间里的是净化水，能够循环使用，甚至还能喝！但在国际空间站没办法洗澡，只能用消毒巾擦拭。

睡觉
在太空中睡觉可不容易！航天员也没有床，他们只能把睡袋贴着墙壁、地上，甚至是天花板上睡觉。另外，周围还全是机器发出的噪声！

"宁静号"节点舱
美国"宁静号"节点舱是部分成员的休息区和运动场所。其中包括卫生间和水循环系统，并利用循环水来制造氧气。这里还有一个观察穹顶，从这里可以全景式地观察地球，并观察主要机械臂的姿态。

20世纪
国际空间站
（1998-2017）

空间站是一个巨大的太空实验室，在地球上方沿轨道运行。

01 美国实验舱
美国实验舱叫作"命运号"，用来研究人体在太空环境下的生存状态。它有一个对着地球的舷窗：从这里看地球视线绝不会被遮挡！

02 欧洲航天局实验舱
欧洲航天局实验舱叫作"哥伦布号"，主要研究人体生物学，尤其是人体在太空失重（重力是物体由于地球的吸引而受到的力）情况下的适应能力。同时也用来做物理学、材料学、气象学和天文学（比如观察太阳）方面的研究。

03 日本实验舱
日本实验舱叫作"希望号"，与其他太空舱一样也是加压舱，会保持一定的空气压力，更适合宇航员生活。因为在太空环境下，气压（构成大气的混合体产生的压力）会很低，不适合人类生存。

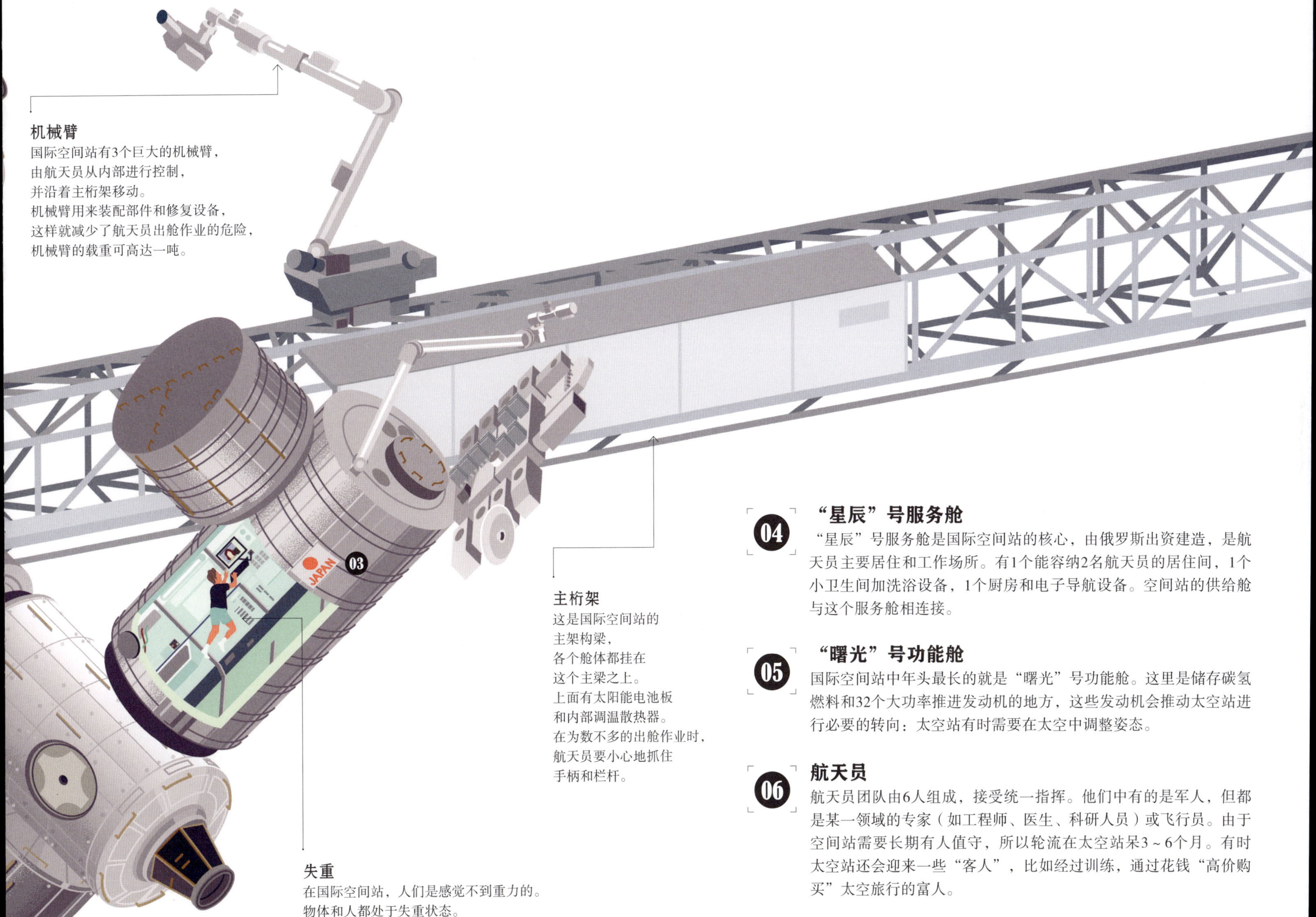

机械臂
国际空间站有3个巨大的机械臂，由航天员从内部进行控制，并沿着主桁架移动。机械臂用来装配部件和修复设备，这样就减少了航天员出舱作业的危险，机械臂的载重可高达一吨。

主桁架
这是国际空间站的主架构梁，各个舱体都挂在这个主梁之上。上面有太阳能电池板和内部调温散热器。在为数不多的出舱作业时，航天员要小心地抓住手柄和栏杆。

失重
在国际空间站，人们是感觉不到重力的。物体和人都处于失重状态。航天员会飞到空中，还会失去方向感。他们也会受到太空病的困扰，经常想呕吐。

04 "星辰"号服务舱
"星辰"号服务舱是国际空间站的核心，由俄罗斯出资建造，是航天员主要居住和工作场所。有1个能容纳2名航天员的居住间，1个小卫生间加洗浴设备，1个厨房和电子导航设备。空间站的供给舱与这个服务舱相连接。

05 "曙光"号功能舱
国际空间站中年头最长的就是"曙光"号功能舱。这里是储存碳氢燃料和32个大功率推进发动机的地方，这些发动机会推动太空站进行必要的转向：太空站有时需要在太空中调整姿态。

06 航天员
航天员团队由6人组成，接受统一指挥。他们中有的是军人，但都是某一领域的专家（如工程师、医生、科研人员）或飞行员。由于空间站需要长期有人值守，所以轮流在太空站呆3～6个月。有时太空站还会迎来一些"客人"，比如经过训练，通过花钱"高价购买"太空旅行的富人。

07 尺寸
国际空间站是世界上最大的空间站，有1个足球场那么长（110米），10层楼高（30米），重达400吨。在此之前，世界上已经有8个空间站了，7个俄罗斯空间站（"礼炮"系列）和1个美国空间站（天空实验室）。

20世纪

大型拖网加工渔船

这种现代化的大型拖网加工渔船就是一座大型的水上工厂，被捕捞上来的鱼马上就会被清洗、冷冻，快速进入消费渠道。

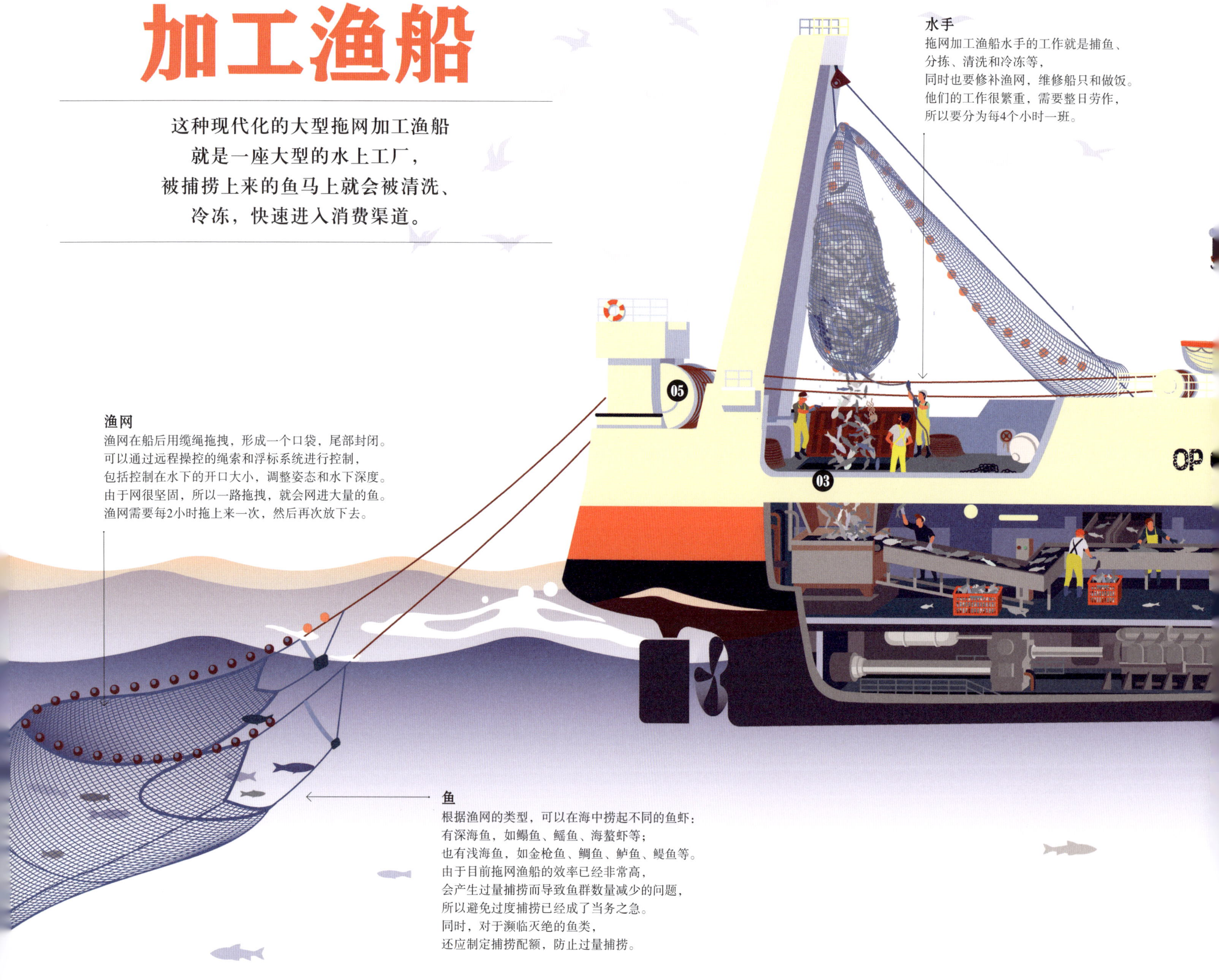

水手
拖网加工渔船水手的工作就是捕鱼、分拣、清洗和冷冻等，
同时也要修补渔网，维修船只和做饭。
他们的工作很繁重，需要整日劳作，
所以要分为每4个小时一班。

渔网
渔网在船后用缆绳拖拽，形成一个口袋，尾部封闭。
可以通过远程操控的绳索和浮标系统进行控制，
包括控制在水下的开口大小，调整姿态和水下深度。
由于网很坚固，所以一路拖拽，就会网进大量的鱼。
渔网需要每2小时拖上来一次，然后再次放下去。

鱼
根据渔网的类型，可以在海中捞起不同的鱼虾：
有深海鱼，如鳎鱼、鳐鱼、海螯虾等；
也有浅海鱼，如金枪鱼、鲷鱼、鲈鱼、鳀鱼等。
由于目前拖网渔船的效率已经非常高，
会产生过量捕捞而导致鱼群数量减少的问题，
所以避免过度捕捞已经成了当务之急。
同时，对于濒临灭绝的鱼类，
还应制定捕捞配额，防止过量捕捞。

尺寸
这种大型拖网加工渔船一般长达50米,相当于4辆公共汽车那么长。但有些"大家伙",甚至是这个的2倍长!

 气象
它们风雨无阻,即使有暴风雨时,也可以开到外海进行捕捞作业。而如果风平浪静,或者无鱼可捕时,船上的水手们反而很着急!

 活动门
从渔网里面倒出来的鱼会首先落入这个活动门,然后再顺着甲板下面的一条自动传送带,被送入加工间。

 船上的生活
水手们一旦出海捕鱼,就会离开家很长时间。船上的生活可不容易,不仅噪声大;海浪还会不停拍打甲板,所以十分颠簸。虽然水手们是不会晕船的,但甲板上却又湿又滑,风浪也不小。同时还要注意安全,渔网可能会把人拖入海中,打捞上来的可能还会有"二战"时的炸弹!

 绞车
绞车是一种用滚筒缠绕悬挂渔网的缆绳,提升或牵引重物的起重设备,作用是把渔网放进海里,捕完鱼后再把网从海里拽出来。渔网被捞起后,在甲板上打开并清空里面的捕捞物。被捞起的鱼可能已经都死了,这是因为水面上的空气压力比水里的要大。

 船长或捕鱼长
这是一位进行管理,并负责捕鱼的富有经验的海员。他不但要驾驶船只,掌控渔网的起降,同时,他还要熟悉鱼场、控制收益、保证安全,并且辨明适宜捕捞的鱼的大小和种类。

 舰桥或驾驶室
这里是驾驶船的地方,装备有GPS和导航系统。测深器能够计算海底和渔网的距离,以免渔网被缠住。声纳用来锁定鱼群的位置。

水手长
水手长是船长的副手。
负责管理水手和驾驶船只,
同时也要参与起降渔网,
监督鱼的质量和解决各种问题。

救生艇
有时拖拽的渔网可能会
刮上礁石或沉船残骸,
这样不但网和缆绳会撕坏,
也会导致船的侧倾
(失去平衡而倒向一边),
甚至是翻船。
在这种情况下,
船员可以利用救生艇
进行自救。

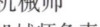

机械师
机械师负责维护发动机和保障各种设备正常工作,
这些对于拖网渔船来说非常重要。
尤其要定期检查,并确保货舱冷冻设备运转正常,
否则真就白干了。

加工间
水手会利用这里的专业设备,
对捕捞上来的鱼进行清洗、切割、
装箱并放进零下40度的冷库里进行保存。
一天之内,
拖网渔船可以处理多达40吨的鱼。

底舱
底舱位于甲板下面,
里面放置着各种处理和保存鱼的设备,
这里就是渔船的厂房。

20世纪
攻击型核潜艇

这种潜水艇是一种特殊的战斗舰艇，可以在海面或水下巡航，行踪十分神秘！

潜望镜
潜望镜就是潜艇的眼睛！潜望镜两端安装有棱镜和透镜，并能伸出指挥塔观察海面上的动静，它还可以伸缩和旋转。而攻击潜望镜还可以对目标进行瞄准。

住舱
艇员需要在上下铺休息。下级军官在不足15平方米的居住舱中休息，甚至旁边就是鱼雷管。而艇长有自己的房间。

鱼雷发射管
鱼雷发射管可以发射1吨多重的鱼雷。鱼雷上装有电动发动机和战斗部，能在水下以每小时70千米的速度攻击并击沉目标，射程可达2千米。攻击型核潜艇上一般没有核武器，除非是带有核导弹的核动力潜艇。这种导弹威力很大，能摧毁很大的目标。

声呐
声呐能帮助发现水下的障碍物或船只。声呐会发出很尖锐的声音，这种超声波碰到物体后会返回，就像回声一样，这样就可以给物体定位并测算距离。

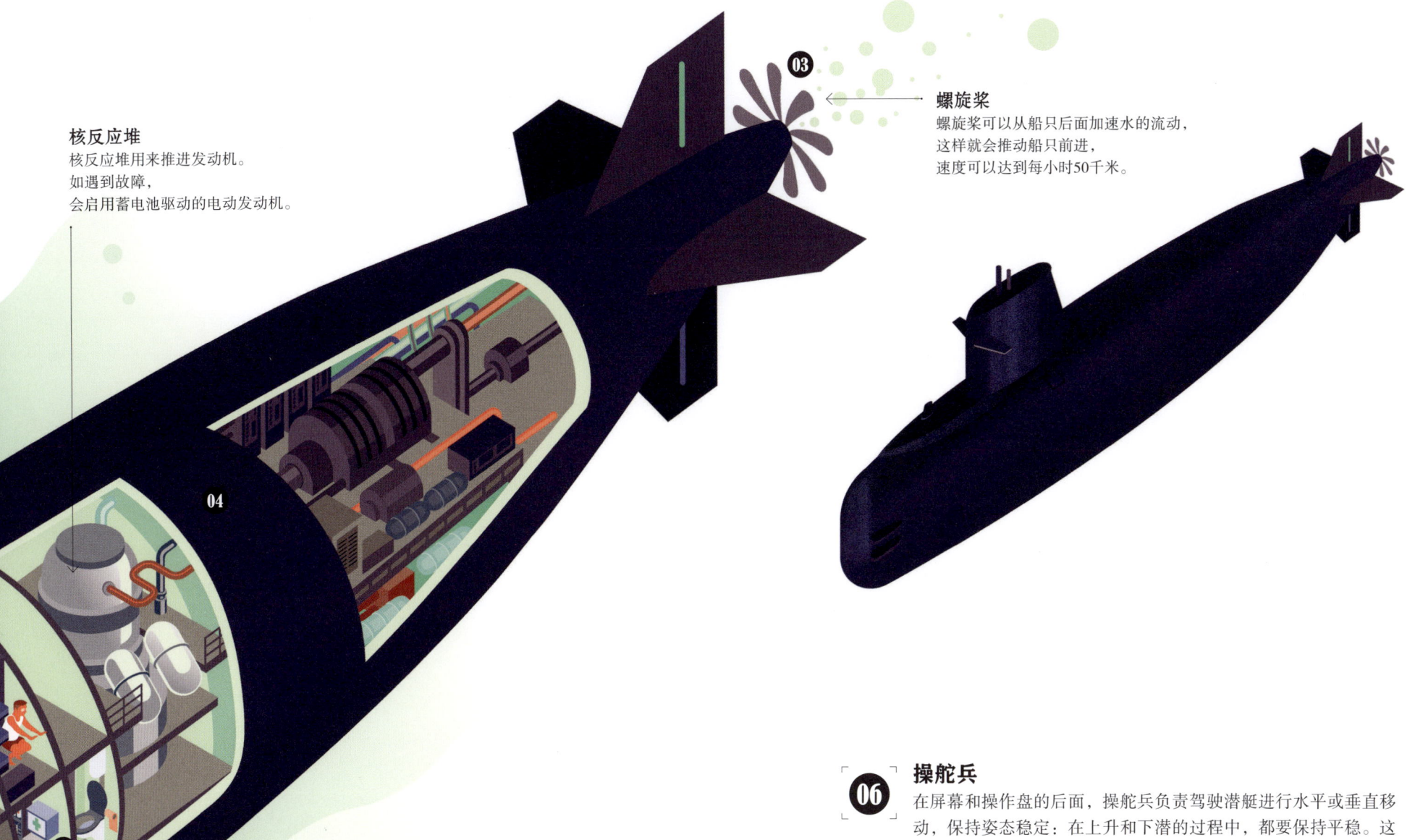

核反应堆
核反应堆用来推进发动机。如遇到故障，会启用蓄电池驱动的电动发动机。

螺旋桨
螺旋桨可以从船只后面加速水的流动，这样就会推动船只前进，速度可以达到每小时50千米。

01 照明
由于是在水下，所以艇员分不清白天与黑夜，因此为了保持作息的正常，潜水艇会用灯光来进行调节：白天时是黄色的，晚上变成红色或暗红色。

02 娱乐
艇上的生活有时会很无聊，所以为了打发时间，艇员们可以用DVD看电影，玩乐透游戏或打电子游戏。为了保持健康，他们还可以在健身房锻炼，比如可以在鱼雷舱空余地方骑自行车！而当潜水艇浮出水面时，他们还可以收发家人的信件。

03 方向舵
舵手用方向舵来操控潜水艇，这块垂直的舵板就像鱼尾巴一样，可以左转或者右转，以此来调整潜水艇的航向。

04 舷窗
潜水艇上没有对外的舷窗，艇员无法用肉眼来看四周，只能用声呐、天线、潜望镜并辅以航海地图来检测四周。

05 水密舱
潜水艇里最怕什么呢？就是进水或起火！所以潜水艇内部有多个互相隔离的水密舱，各个部分互相分开，以此来防火防水。在紧急情况下，在浅水区，艇员也可以通过减压舱逃离潜艇并上浮到水面。

06 操舵兵
在屏幕和操作盘的后面，操舵兵负责驾驶潜艇进行水平或垂直移动，保持姿态稳定：在上升和下潜的过程中，都要保持平稳。这样才不至于让艇员脚底打滑，甚至摔倒在地。

07 分析员
分析员通过声呐及电脑分析来监听潜艇四周的声音，其中有极强辨音能力的人被称为"金耳朵"。即使声源在50千米外，他都能分辨出各种不同的声音：是渡轮、货船还是潜水艇？或者只是一头鲸鱼的叫声！

08 艇员
这种攻击型核潜艇大约有70名艇员，与其他士兵一样，也根据不同的职务配有军衔。一般来说，有8名主要军官，52名下级军官，8至10名士官和水兵。

09 换班（每4个小时）
水兵每4小时就要进行一次换班，即工作4小时，休息4小时，再工作4小时，以此类推。所以他们非常辛苦，因为只能睡一小会儿。

10 "方士"
潜水艇上的医护人员被戏称为"方士"，他们负责治疗小创伤、常见病包括龋齿。他们还负责疏导艇员的心理，同时还要监控水和空气的质量。

11 厨房和餐厅
潜艇一般携带2个月的食品，艇上的厨师会在同伴的帮助下，为全体艇员准备食物。厨房空间非常小，只有5平方米，如果碰到紧急下潜，盘子还会掉到地上。对于水兵们来说，吃饭就是休息的时间，由于艇上伙食不错，又很少运动，所以他们通常会发胖。

20世纪
消防车

这就是消防队员和他们的消防车。
这种消防车配备有灭火和救援所需的各种必要设备。

指挥间
在路途中，
有3至4个消防队员会待在车载指挥间里，
随时保持与总部的无线电联络，
而总部也会通知他们救援的方向。

地图和街图
为了准确定位，
消防队员会用GPS定位系统或街图。
也会用到一条街或一幢大楼的水管、
燃气或电力配置图。
标好燃气管道是非常重要的，
因为弄不好就会爆炸。

消防云梯
这种"云梯"能在1分钟之内伸展完毕，
长约25-50米，能达到10层楼的高度。
其目的就是从窗户救人，从高处灭火。

旋闪顶灯
在执行任务时，
车顶会有一两盏蓝色顶灯不停闪烁，
提醒路上车辆和行人注意避让，
让消防车优先通过。

吊舱
吊舱会把消防队员送到高处，上面有操作盘用来控制云梯和吊舱。吊舱也可以旋转移动，以便运送获救人员甚至还有小动物！

01 来源不同的消防队员
大城市有专业消防队员，其他地方的则是志愿消防员（他们是有自己工作的平民）。而巴黎和马赛的则为军人。

02 女性消防队员
只有4%的消防队员是女性，但这个数字还在增长。她们中许多是医生或药剂师，有的还是公务人员。

03 困难
消防队员每天都在和危险打交道，他们要帮助那些遭受不幸（如火灾，事故）的人们，给他们以精神上的鼓励和必要的援救。

04 便携式氧气瓶
在火灾中，会释放出一氧化碳等有毒或致命气体。为了避免中毒，消防队员会背上氧气瓶，并戴上与之相连的氧气面罩。这样即使在不能动的情况下，也能进行呼吸。这确实不是个好干的活！

05 消防制服
消防制服与手套都是经过防火处理的，消防荧光背带会让消防队员在烟雾中容易辨认，而特殊制造的面罩也会保护头部和颈部免受冲击和火燎。在腰带上，还佩有手电筒和铁锤，用于在烟雾中砸开门。

06 切割工具
斧头用来劈开被堵上的门，以便救出灾民。切割设备用来切开金属门，大锤子用于砸墙，这种破坏性的活叫"抢险"，这也就是"抢险队员"这个词的由来。

07 消防水枪和水带
消防队员到达火场以后，会铺开水带并与街上的消防喷嘴相连接，以便引水，有些消防车也有自备水。消防水枪能够喷出高压水柱，压力甚至都能把人击晕。如果火势太大，喷出的水可能在高温下蒸发，所以可以把水与一种特殊的乳化剂相混合，这样产生的气泡就可以用来灭火。

20世纪
客运驳船

客运驳船是一种河面载人驳船，还会有一些乘客选择在船上长期生活，这就是他们流动的家！

01 速度
客运驳船开不快（一般每小时9至12千米），一天行驶100千米左右（而开车只需要1个小时）。所以要是有急事最好别坐驳船！但也正是这种悠闲才给水上的旅行带来了无限的乐趣。

02 设备舱
这里有电动或燃料驱动的发动机，坚固耐用，运行缓慢但耗能较少。发动机需要精心维护，以避免中途出现故障。

03 维修
为了保持客运驳船良好地运转，也需要对其进行定期检修，例如检查焊接、机械、木工、管道、供电、油漆等，这些工作不但必不可少而且花费很大。

04 缆绳
缆绳是两端系有缆环的绳索，用于在船舶停靠时系泊，并在船闸中固定以免移动。船只的前部和后部都有缆绳。再次开船时，就要解开缆绳。

05 压舱物
压舱物位于船底和甲板之间，重达30~40吨，其目的是使船只稳定，避免摇晃。压舱物还能使船只的吃水深度增加。这样船就可以穿过桥洞，而不至于触顶。

06 船客
船客就是经常在船上生活的人。有时候，人们会觉得这些人离群索居，特立独行。但他们却喜欢在水上亲近自然：这里有轻轻拍打船身的浪花，有让人安逸宁静的潺潺流水，还有映衬船舱的粼粼波涛。他们还喜欢聚在一起，共同享受这小小的"船村"，和谐共处。

07 危险
首先要注意的是河道涨水时的危险！一个露出水面的树桩就可能损坏船体，随即水会掀翻舷梯和系泊设备，船体也可能会脱离河道。在河道水位下降的时候也要注意安全，因为船只可能会在岸边搁浅，并被困住。

码头
客运驳船需要系泊在码头，那里也会提供水、电和通讯设备。为了用电自给自足，驳船上也会安装发电机组，用燃料发电，然后储存在蓄电池中。但这种发电机的缺点就是噪声大，有烟尘。

驾驶室
在驾驶室，人们用木制的或者铸铁的方向舵驾驶驳船。驳船可不太好驾驶，因为又大又重，反应还很滞后。驳船没有刹车，为了停住，只能倒车。并且还要遵守航行规则，要在航道中心航行，并在右侧"超船"。如果行驶在渔船前，还应减速，避免产生漩涡。

房间
客运驳船上的房间很大，有的有175平方米，再加上阳台，就像一个大别墅一样。房间里面各种生活用品一应俱全。

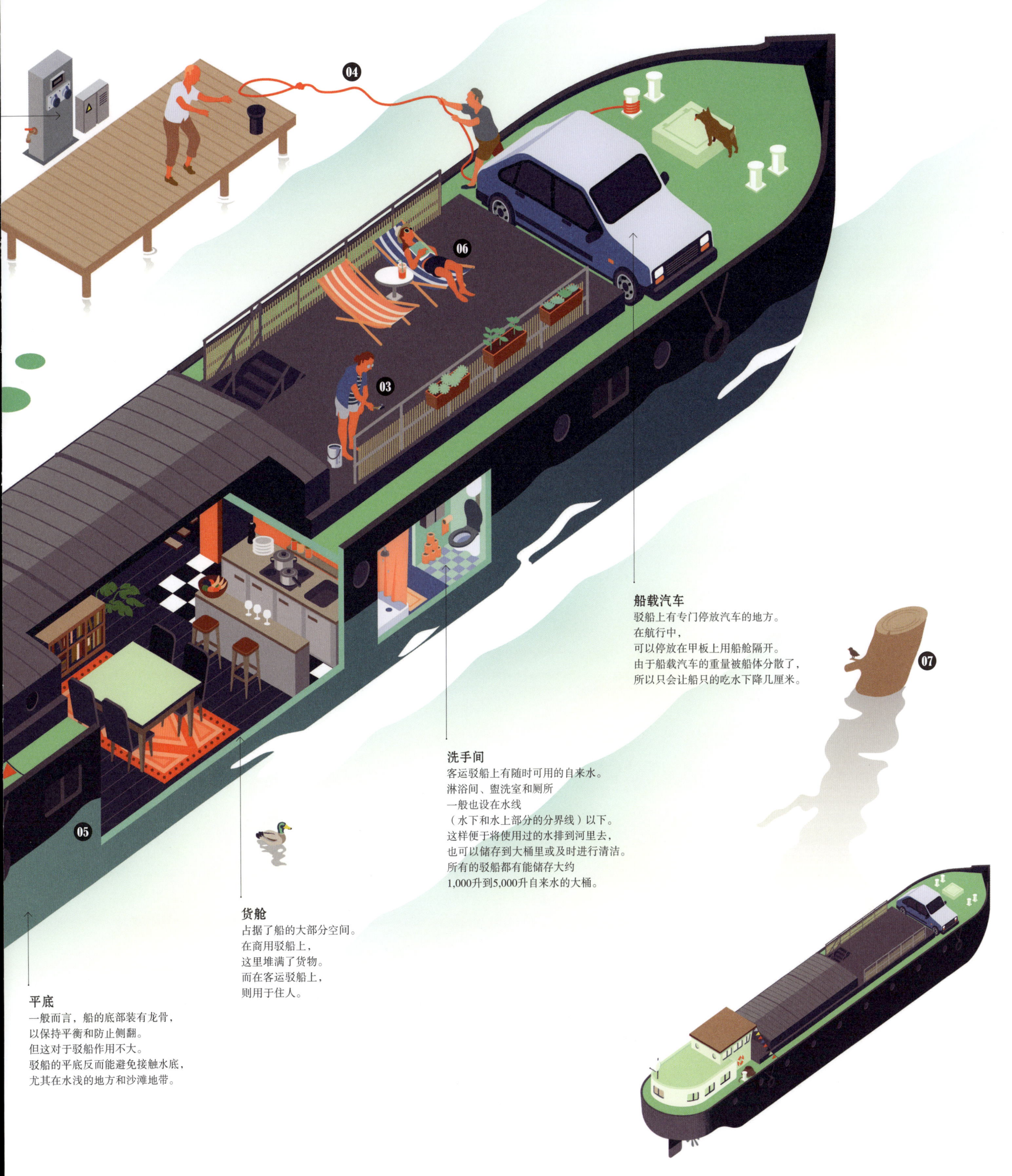

2006年
空客A380

空客A380是世界上最大、最重和载客量最大的民用客机，是欧洲的骄傲！

机翼
具有民航客机中最长的机翼：翼展80米（从一端到另一端），相当于9辆小汽车那么长。总面积为845平方米，也就是2个篮球场的面积。

发动机
空客A380具有4台涡轮式发动机，每一台都会产生相当于1,500辆汽车的动力。并且进气口与其姊妹型飞机A320的一样大。

01 速度
空客A380巡航速度约为每小时1,000千米，可以从纽约不用经停直接飞到香港，全程约为15,000千米。

02 双层机舱
空客A380原来只有一层，但是为了装下更多的客人，后来形成了上下两层机舱，两层之间由位于机舱前部和后部的两个楼梯相连接。

03 飞行仪表
大部分飞行仪表有2套，受2个驾驶员监控。仪表盘上显示时速、高度以及飞机姿态是平飞或侧飞。控制系统还可以根据飞行员的指令，进行特定时间内的自动驾驶。

04 上层机舱
空客A380的上层机舱虽然比较短，但是却比波音747飞机又多出50%的有效载荷空间。

05 机身
为了减轻机身的重量，人们用复合材料（各种材料的混合体，也包括塑料）代替传统的合金。这种以玻璃纤维为主的复合材料不但使机身轻巧，又能有效抵抗冲击。

驾驶员
驾驶舱有正驾驶员和副驾驶员负责开飞机。他们需要有良好的身体条件、精神状态，时刻保持冷静以及在突发情况下良好的反应能力。

起落架
空客A380有5个起落架共22个轮子，这些轮子能够更好地分散飞机重量，因为飞机满载重量为562吨，也就是100头大象的重量！

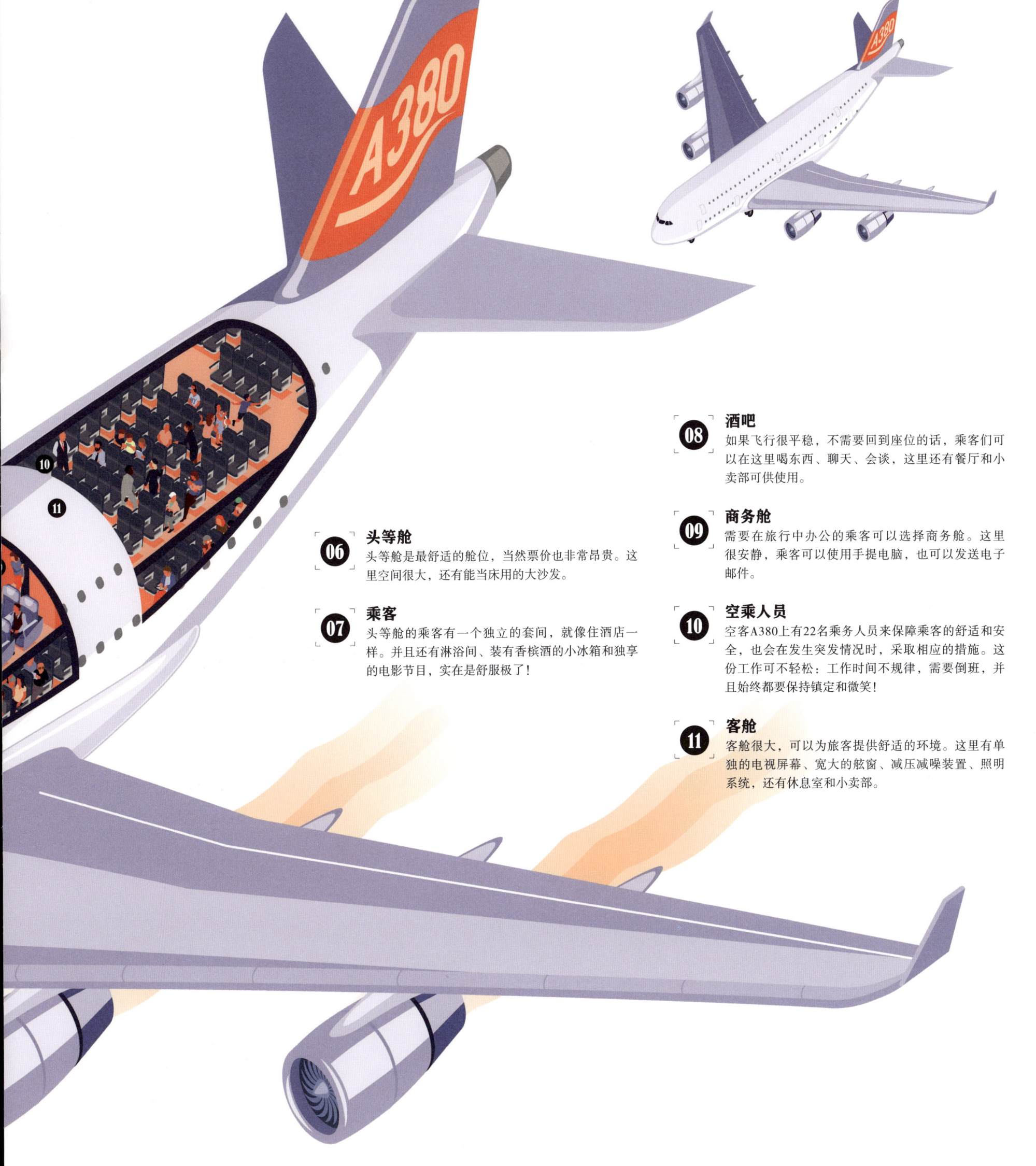

08 酒吧
如果飞行很平稳，不需要回到座位的话，乘客们可以在这里喝东西、聊天、会谈，这里还有餐厅和小卖部可供使用。

09 商务舱
需要在旅行中办公的乘客可以选择商务舱。这里很安静，乘客可以使用手提电脑，也可以发送电子邮件。

06 头等舱
头等舱是最舒适的舱位，当然票价也非常昂贵。这里空间很大，还有能当床用的大沙发。

07 乘客
头等舱的乘客有一个独立的套间，就像住酒店一样。并且还有淋浴间、装有香槟酒的小冰箱和独享的电影节目，实在是舒服极了！

10 空乘人员
空客A380上有22名乘务人员来保障乘客的舒适和安全，也会在发生突发情况时，采取相应的措施。这份工作可不轻松：工作时间不规律，需要倒班，并且始终都要保持镇定和微笑！

11 客舱
客舱很大，可以为旅客提供舒适的环境。这里有单独的电视屏幕、宽大的舷窗、减压减噪装置、照明系统，还有休息室和小卖部。

20世纪
马戏团车队

眼前就是马戏团的所有装备，马戏团车队能装下所有这一切：设备、演员、动物还有卧铺。

01 车队
马戏团的车队可真是不一般！有一些大型马戏团的车队非常长，以至于能在路上绵延4千米之长。而有些车还特别宽，也不能走过窄的道路，或与其他大卡车交错，尤其底部会发生剐蹭。

02 随车学校
马戏团演员的孩子们由于长年跟团四处巡演，所以只能上随团的特殊学校。这个学校就设在其中一辆"校车"上。老师一周5天给小一点的孩子们上课。在路上，老师也会根据巡演的地点适当加入当地的历史和地理知识课。而大一点的孩子则上函授课程，下午的时间则用来学习马戏表演。

03 售票处
观众需要在售票处购票，然后观看马戏。所以需要先用吊车把售票厅从卡车上吊下来，再安装好。吊车也装在随团的卡车上。

猛兽

为了让动物们听话好好表演,驯兽师要和它们友好相处。驯兽师首先需要非常耐心,因为往往需要数月甚至数年的时间才能与动物们形成默契。其次还要充分了解动物们的习性,因为每种动物都有自己的特点和专长。当然,最重要的还是注意安全!曾经有一位驯兽师想当着全场观众的面,给一头母狮子来一个亲吻,没想到却撞上了它的獠牙,结果被狮子反咬了一口,最后缝了13针。

动物们

传统的马戏团有数十种动物:大象、羊驼、马、骆驼、老虎、狮子等。它们在旅途中可得互相分开,尤其是那些猛兽们。一般而言,驯兽师都很善待自己的动物,否则它们就不会好好表演,甚至还会攻击驯兽师。现在,还有很多动物保护组织都希望动物们从马戏团彻底消失。

一路巡演

一年之中,马戏团一般要巡演10个月。每周都会到访2至3个城市表演,而在夏季几乎每天都要到一个新的城市,一路这样演下去!

马戏团长

作为马戏团的头儿,团长有很多的责任,比如组织演出、雇佣艺人、签署合约、制定预算,总之要解决一个又一个的问题。所以他既要懂得管理,又要善于倾听。对他来说,管理整个马戏团其实就像照顾一个大家庭一样!

表演者的一天

每天早上,他们都先要在马戏团大帐篷里进行排练,对于即使已经很熟练的节目,他们也要不断地精益求精。下午和晚上,他们则会把精彩演出奉献给观众们。这些表演者们来自不同的国家,他们喜欢给观众们送来惊喜、激发悬念并留下美好印象。一场绝佳的演出,是和所有人的努力分不开的。

台阶

观众们会坐在阶梯坐席上欣赏节目。
这些圆形座椅环绕表演场地,能够让各个角度的观众观看表演。
安装这些座椅也需要细心,尤其要保证安全,保证不会坍塌。
还有小型的包厢,里面的人会更舒适且不受干扰地观看表演。

大帐篷

演出都在这个大帐篷里进行。它直径可达30米,
能装下2,000名观众(有些甚至能有5,000个坐席)。
在安装这个大帐篷时,
马戏团的工作人员(非艺人)会先装好支撑帐篷的木桩,
然后用吊车安装好整个帐篷。这可不是个轻松的活!
仅安装就需要4个小时,拆卸还需要2个小时。

20世纪
隧道掘进机
（盾构机）

这种巨大的设备用于挖掘隧道，可以在岩石或土地里进行掘进，非常了不起！

 难度
在深层的土里进行挖掘可不是件容易的事。又热、噪声又大、还伴有很大的烟尘。里面的空间也很小，终日不见天日，只能靠微弱的灯光来照明。

 大家伙
隧道掘进机一般200米长（即10辆拖车那么长），9～10米高，重约1,000吨（800辆汽车那么重）。有大型也有小型的，如挖下水道用的掘进机。

 挖掘速度
挖掘速度比较慢但很稳定，一般来说每天挖15米。如果每天能挖25米，那就很令人满意了。

 传送管或传送带
隧道掘进机能挖出数百万立方米的泥土和石块，这些与水混合在一起的碎块会用高压抽入传送管运到地面。有时也会先捣碎然后用电动传送带运出来。

混凝土板起重机
这里说的混凝土板是金属加固的拱形混凝土板，厚约40厘米，用来形成和支撑隧道内壁。随着挖掘作业的进行，在混凝土板起重机的帮助下，隧道掘进机逐步把拱形混凝土板安放到位。

切割轮盘
切割轮盘可以自行转动，能够在57个小轮和顶部150个切割片的帮助下，在各种土壤和岩石上进行钻孔。它是用数个大功率电动马达驱动的。

护盾
这是一层非常坚固的密封隔板，能把隧道掘进机的掘进、切割和排渣等系统都很好地保护起来。

运输车
运输车在轨道上运行，用来输送人员、拱形混凝土板、水电设备、岩浆桶、油桶以及通风设备。

05 施工团队
施工团队里有电气、自动化、机械、制图、机车操控等方面的专业人士。在这里,团队精神非常重要。工人们也在施工中逐渐认识和熟悉了。在这里,几乎没有女性,所以为了带来好运,人们往往会给隧道掘进机起一个女性化的名字!

06 一件细活
隧道挖掘自然要精益求精,所以要严格遵守安全规范,可不能挖完就塌了啊!因此在挖掘时,要根据不同的地形、地质地貌,比如或软、或硬、或泥泞、或沙土,随时调整策略,这样才能挖出令人满意的隧道来。

07 安装机
这个巨大的圆形安装机,是用来固定将要形成隧道壁的拱形混凝土板。

08 通风装置
空气在如此狭窄的地方会变得稀薄。为了避免施工人员窒息,通风装置会不停抽进外界的新鲜空气。同时,也把诸如混凝尘土、粉尘、柴油废气和各种有害气体排出去。所以通风装置是非常必要的,因为不能总带着面罩施工。

09 发现
在勘探阶段,会进行一般性的考古发掘。比如,在开掘英吉利海峡海底隧道时,就曾发现了中世纪时的坟墓和兵器。后来,工人们还发现了9,500万年前的化石。

10 液压推进缸
液压推进缸是一种里面有活塞的圆形气缸。通过内部的杆,可以把里面的有效承载推进或拉出。活塞会通过顶住隧道最前端的圆形界面来推动隧道前进,其推力非常大,能达到6,000吨!

11 驾驶室
驾驶员通过电脑和屏幕来准确操控掘进机,尤其要确保不能偏离设计路线。驾驶员同时还要监控隧道挖掘进程,并时刻保持与隧道里以及地面上各个部门的联络,传递信息,避免事故的发生。

食堂
隧道里是全天24小时工作,工人们每8小时倒一班,工人们可以在食堂用餐,也可以在休息室里休息。

工程指挥
工程指挥(也可能是公司法人)
负责整个施工现场的作业,包括看图纸、
选设备、派任务,负责一切事务!
尤其要注意工期和工程预算。
因为挖一条隧道非常昂贵。

工人装备
施工人员要有全套的安全装备,
防火服、护目镜、
防撞头盔、安全鞋、
防噪耳塞,各种防护!

救生舱
隧道里最大的危险就是火灾,
所以一旦着火,
就要在救生舱里躲避火焰和有毒烟尘。
救生舱完全封闭,可以自动发电,还有水和氧气,
能有效保护二十几个工人数小时内安然无恙。

2011年
警用移动科技实验车

这种车上装有警察在罪案现场进行技术侦测时所需的各种设备

06 号牌
号牌需要竖立在发现痕迹的地方（如血迹、足迹、碎玻璃、可疑枪械、印记等），一般来说根据发现的时间顺序来编号。

07 唾液盒
唾液盒用来收集犯罪嫌疑人的唾液，因为其中带有独特的生物遗传密码DNA。通过DNA的比对，就能很快锁定嫌犯。

08 激光瞄准器
激光瞄准器用来模拟武器的弹道。罪案现场收集的子弹或弹壳也会在弹道实验室进行分析。这些细小的弹痕会成为追溯嫌疑武器的重要证据。

09 警用探照仪
警用探照仪是一种专门设备，可以发出白色或蓝色的光，用于找到可能肉眼都看不到的微小痕迹：如毛发、血迹或液迹、指甲或皮肤。如果这些确实属于犯罪嫌疑人，那么通过比对就容易找到罪犯，因为其中含有此人独一无二的DNA。

01 车
以前，负责技术侦测的警察还需要很多车辆来运送所需的各种设备。这显然很不方便，尤其是路途较远的话。而在2011年以后，有了这种全地形、多设备和全功能的特种车辆，这种状况就得到了很大的改善。

02 警官
警官负责管理整个警队，并指导现场调查工作，处理重要事项（比如抓捕毒贩等）。他训练有素、言出必行并善做决定。但其工作时间也很不固定，需要随时待命，比如会在夜间出警。从性别而言，1/4的警官是女性。

03 技术侦查员
技术侦查员一般不穿制服也不配枪，他们负责收集犯罪现场的证据。其目的就是查清事实、发现嫌犯也别冤枉好人。这份工作需要认真仔细、善于发现和条理清晰，这样才能不放过任何线索。技术侦查员会到各种现场，如盗窃、袭击、自杀、谋杀、火灾或者爆炸现场等，经常会面对死亡的威胁甚至还要进行尸体解剖。因此，这种工作不但紧张而且还有一定的危险性。

04 法医
法医会介入到涉及死亡的案件中，通过检查尸体来确定死亡的原因和时间。在尸检中，通过对身体各个器官的检查，收集被害人的相应情况，比如最后一餐的时间，以及是否吞服了药品或毒药等。

05 密封袋
侦查员先用镊子小心地夹起有关证据（如衣服纤维和弹壳等），然后再放进密封的小袋子中，封好备检。如果需要的话，也可以放在车上的冰箱中保存。这些证据将会被送至实验室进行样本分析。

指纹分析仪
每个人的指纹都不一样。可以在平坦的表面上收集到指纹，比如在玻璃上用沾有黑粉的刷子使其现形，随后用透明胶带粘附取样，之后在实验室里通过国家数据库比对鉴定。

蓝星血液显现试剂
这种喷雾型试剂能够显现出犯罪现场被清洗或消除的血迹。这样就可以判断案发现场。

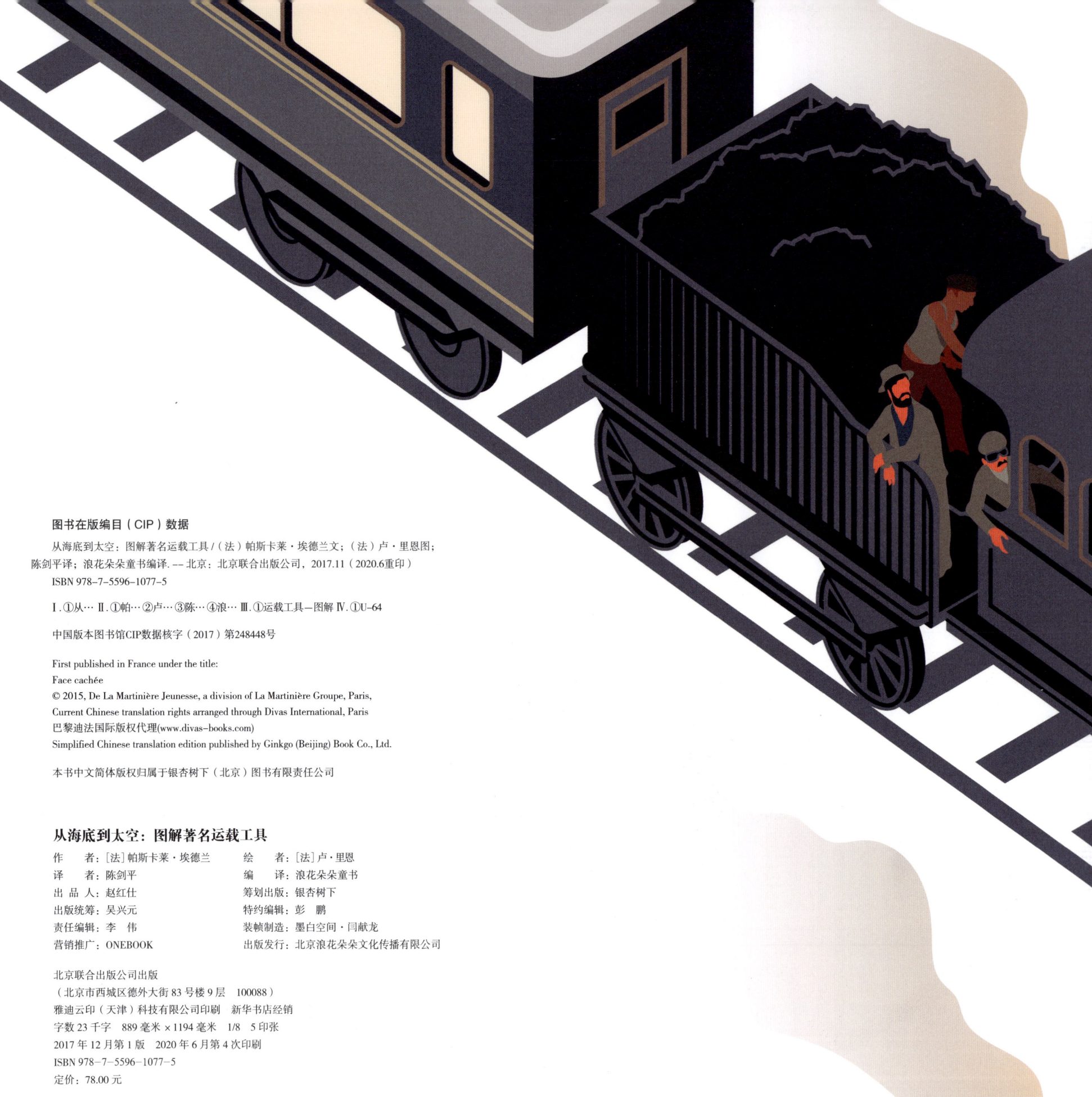

图书在版编目（CIP）数据

从海底到太空：图解著名运载工具 /（法）帕斯卡莱·埃德兰文；（法）卢·里恩图；陈剑平译；浪花朵朵童书编译. -- 北京：北京联合出版公司，2017.11（2020.6重印）
ISBN 978-7-5596-1077-5

Ⅰ.①从… Ⅱ.①帕…②卢…③陈…④浪… Ⅲ.①运载工具—图解 Ⅳ.①U-64

中国版本图书馆CIP数据核字（2017）第248448号

First published in France under the title:
Face cachée
© 2015, De La Martinière Jeunesse, a division of La Martinière Groupe, Paris,
Current Chinese translation rights arranged through Divas International, Paris
巴黎迪法国际版权代理(www.divas-books.com)
Simplified Chinese translation edition published by Ginkgo (Beijing) Book Co., Ltd.

本书中文简体版权归属于银杏树下（北京）图书有限责任公司

从海底到太空：图解著名运载工具

作　者：[法]帕斯卡莱·埃德兰		绘　者：[法]卢·里恩	
译　者：陈剑平		编　译：浪花朵朵童书	
出品人：赵红仕		筹划出版：银杏树下	
出版统筹：吴兴元		特约编辑：彭　鹏	
责任编辑：李　伟		装帧制造：墨白空间·闫献龙	
营销推广：ONEBOOK		出版发行：北京浪花朵朵文化传播有限公司	

北京联合出版公司出版
（北京市西城区德外大街83号楼9层　100088）
雅迪云印（天津）科技有限公司印刷　新华书店经销
字数23千字　889毫米×1194毫米　1/8　5印张
2017年12月第1版　2020年6月第4次印刷
ISBN 978-7-5596-1077-5
定价：78.00元

读者服务：reader@hinabook.com 188-1142-1266
投稿服务：onebook@hinabook.com 133-6631-2326
直销服务：buy@hinabook.com 133-6657-3072
官方微博：@ 浪花朵朵童书

后浪出版咨询(北京)有限责任公司 常年法律顾问：北京大成律师事务所
周天晖 copyright@hinabook.com
未经许可，不得以任何方式复制或抄袭本书部分或全部内容
版权所有，侵权必究
本书若有质量问题，请与本公司图书销售中心联系调换。电话：010-64010019